木下 繁喜

東日本大震災

被災と復興と

岩手県気仙地域からの報告

はる書房

はじめに

「ゴゴゴゴゴーッ！」

腹の底に不気味に響く地鳴りが、筆舌に尽くし難い悲しみと苦しみ、そして不条理の始まりでした。２０１１（平成23）年３月11日午後２時46分。千年に一度という巨大な「東北地方太平洋沖地震」が起き、空前絶後の大津波が襲いかかってきました。

全国で合わせて1万５８８４人もの尊い命が失われ、２６３３人が行方不明となっています（２０１４年３月10日現在）。岩手と宮城、福島の東北３県の沿岸部は甚大な被害に遭《あ》い、震災から３年を経ても26万人を超す人たちが仮設住宅などで不自由な生活を強いられることになりました。

この未曾有《みぞう》の大災害はその後の余震などを含め、「東日本大震災」と呼ばれることになりました。この本では、あの３月11日を指して「東日本大震災」あるいは「大震災」「震災」と表記させていただきます。

東日本大震災が起きた時、私は岩手県大船渡《おおふなと》市にある東海新報社という地元新聞社に勤めていました。地震には仕事で訪ねていた市内のレストランで遭遇しました。頭上の棚に置かれていたワインボトルが次々落下し、私も頭に直撃を受けました。しかし、痛さなどにかまってはいられませんでした。レストランは古い木造2階建ての1階にありました。店が崩落して生き埋めになるのではないか。そんな恐怖心からすぐさまテーブルの下に潜《もぐ》り込み、頭を抱えてガタガタ震えるばかりでした。

揺れが収まった後、地震被害と津波襲来の取材に加わるため、会社へ戻ることにしました。経験したことがない激しく、長い地震でしたので「津波は必ず来る」と確信しました。確信はしましたが、来ても最大で1960（昭和35）年のチリ地震津波クラスだろうと考えました。

私は大船渡市の中心市街地、大船渡町に生まれ、暮らしてきました。チリ地震津波が襲来したのは私が小学校1年生になったばかりの時でした。太平洋を越えて押し寄せ、荒れ狂う津波を祖父と避難した高台の神社の階段から訳も分からずに見ていたものです。今回も大船渡町ではチリ地震津波の時と同様、JR大船渡線の線路より海側地域で大きな被害が出るに違いないと思いました。しかしチリ地震津波がそうであったように、線路より山側地域まで被害に遭うとは考えもしませんでした。

私の自宅は線路より山側の国道45号沿いにあり、チリ地震津波でも被災しませんでした。会社へ戻る途中、春休みで帰省していた娘の安否を確認し、念のため避難するように伝えたいと家に立ち寄りました。近所の会社で働く妻も帰ってはおらず、家の中には誰もおりませんでした。

妻の勤務先と我が家の隣で一人暮らしをしている高齢の婦人を訪ねてみることにしました。隣家の前まで行くと、近くの女性が「奥さんとお嬢さんは隣のおばあちゃんと一緒に高台へ逃げましたよ」と教えてくれました。

安心して車に戻ると、ガソリンが空っぽなことに気づきました。乗り入れた自宅前のスタンドでは、「地震で閉鎖したので車を置き、一旦、高台へ逃げてください」と言われました。

歩いて高台に向かう途中、何人かの顔見知りと出会い、「すごい地震でしたね」と言葉を交わしました。誰もが「ここまで津波が来るはずはない」との思いから、表情には余裕がありました。出会った人たちと立ち話をして別れ、ガソリンスタンドから30メートルほど歩いた、その時でした。

「煙だ、煙だ！」という声が背後から聞こえてきたのです。立ち止まって振り返ると、黄色い煙がモウモウと舞い上がっていました。

「火事でも起きているのだろうか？」

そう思って見上げていると、今度は、

「津波だ！　津波だ！」

と悲鳴にも似た絶叫があちこちから上がったのです。

視線をわずかに下げると、瓦礫《がれき》を飲み込んだ津波が我が家の近くにまで迫っていたのです。

私が立っている場所から60~70メートルほどの距離だったでしょうか。その津波を見た瞬間、頭の中は真っ白になり、私も「津波だ、津波だ！」と叫び、カメラを懐に抱いて駆け出していました。

20メートルほど走ると川にぶつかりました。川は津波の遡上《そじょう》で増水し、あと30~40センチであふれようとしていました。目の前にかかっていたのは幅1メートルほどの鉄板の橋でした。欄干《らんかん》や手すりはついていません。「踏み外したら……」との思いが一瞬よぎりましたが、迷ったり、迂回《うかい》している余裕はありません。思い切って駆け抜けました。

さらにその先の坂道をゼイゼイと息を切らしながら走りました。川から50メートル以上駆け上がったところで初めて振り返り、私を追いかけてきた津波にカメラを向け、シャッターを切りました。津波の到達点を見届けて人心地つき、息を整えながら坂道を歩いて避難所の大船渡地区公民館にたどりつきました。そこで避難していた家族とも無事、合流することができました。

寒い日でした。時折、雪も降ってきました。公民館でもらった毛布を身体に掛けながら、私たち家族も大勢の避難者と一緒に地区公民館の庭から大船渡の町を見下ろしました。私たちが暮らしてきた町は海と化していました。ただの海ではありません。真っ黒な海です。すでに姿を消してしまった建物も多くありました。誰もが声を発することさえできず、目の前で繰り広げられる惨劇を見ているしかありませんでした。

震災によって私たち家族は自宅と家財を全て失い、経験したことのない避難生活に入りました。その上、先祖代々受け継ぎ、暮らしてきた私たち家族の土地が土地区画整理事業の対象区域に入り、当事者として利害関係の渦中に放り込まれてしまいました。

震災後は自らの体験に加え、日々の暮らしや仕事を通じて見聞したこと、報道ではあまり取り上げられないことなどを講演させていただくようになりました。

２０１２（平成24）年10月に愛知県内で開かれた講演会で、聴いてくれた人から「木下さん、この話は本にすべきです」と声をかけていただきました。その一言が契機となり、三十余年にわたり新聞記事を書いてきた者として、語り伝えるだけでなく、書き残すことも震災で生かされた者の使命か、と考えるようになりました。

顧みれば、あの日以来、私を含めて被災した人たちは数々の問題に直面してきました。そのたびに問いかけてきたことがあります。

「過去の震災の教訓が、なぜ、生かされないのか」

ということです。

１９９３年7月12日に奥尻《おくしり》島などを襲った北海道南西沖地震。観測史上初めて最大震度7を記録した95年1月17日の阪神・淡路大震災。同じく最大震度7を観測した２００４年10月23日の新潟県中越地震。奥尻で、阪神・淡路で、中越で何が起き、何が問題となっていたのか。私たちは本当のことを知らず、知ろうともしませんでした。その結果、震災と震災に伴う悲嘆や不条理が時と所を変え、私たちの地でも繰り返されている。そう、思えてならないのです。あって欲しくはないことですが、別の地域で震災や大規模災害が起きれば、今度は皆さんが、

「なぜ、東日本大震災の教訓が生かされないのか」

そう、問いかけるに違いありません。

震災に際してご支援くださった皆さんにできるご恩返しは、私たちの体験や教訓をお伝えすることではないか。お伝えしなければ、無念のうちに生涯を終えられた人たちが浮かばれない。そんな思いが日々強まり、２０１３（平成25）年7月末に定年退職し、この本の執筆を決意しました。

私が暮らす大船渡市は岩手県の沿岸南部にあります。大船渡市の南隣が「奇跡の一本松」で知られる陸前高田《りくぜんたかた》市です。この太平洋に面した二つの市と内陸部に位置する住田《すみた》町からなる地域は古くから「気仙《けせん》」と呼ばれ、運命共同体として歴史を刻んできました。

気仙の地で、あの時、何が起きたのか。その後、何が起きてきたのか。そして次の震災に備え、どうあればよいのか。体験や取材、見聞をもとに、被災した市民の目線から書かせていただきたいと思います。

震災地全体から見ると、私たちの地域は小さな存在でしかありません。原発事故に巻き込まれた福島の人たちを思うと、「被災地」という言葉で一括《ひとくく》りにできないことは重々承知しております。しかも、ここで紹介させていただくことは震災や復興の現実、教訓の一部でしかありません。それでも、少なからず震災地に共通する課題はあるように思います。いくらかなりと皆さんのお役に立つことがあれば、と心から願っています。

東日本大震災　被災と復興と◎目次

第二章　被災するということ

第四章　一日も早い復興のために

第五章　神戸市長田区を訪ねて

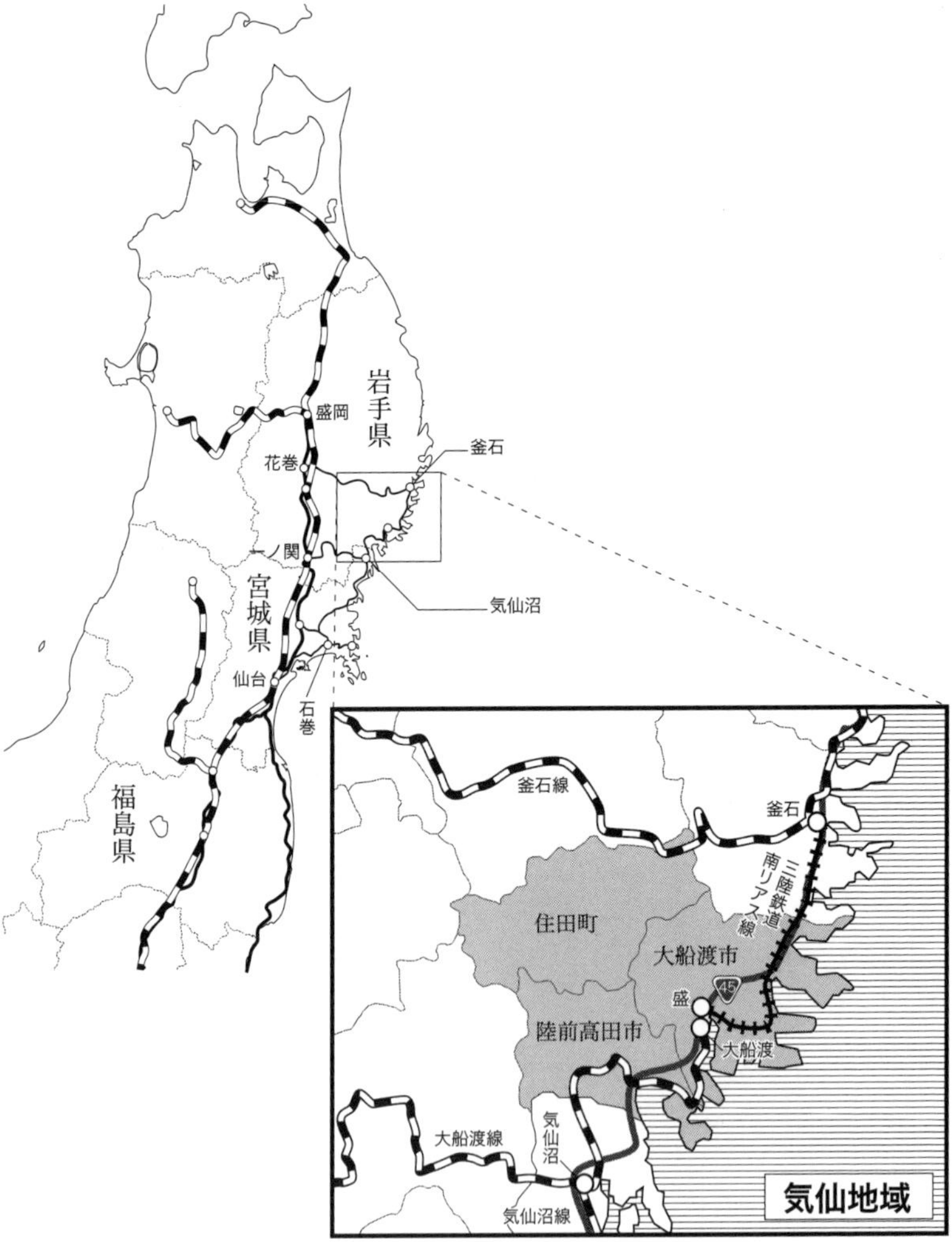

岩手県
盛岡
花巻
釜石
一ノ関
宮城県
気仙沼
仙台
石巻
福島県
釜石線
釜石
三陸鉄道
南リアス線
住田町
大船渡市
盛
45
陸前高田市
大船渡
大船渡線
気仙沼
気仙沼線
気仙地域

第一章

復興とは何か

1　土地区画整理が追い打ち

生活再建の拠り所であった土地

東日本大震災で被災した市町村では一日も早い復旧と復興に向け、さまざまな事業が行われています。

あの日、私たちが暮らす大船渡市でも押し寄せてきた津波で大勢が掛け替えのない大切な人たちを亡くしたり、自宅や家財、事業所・店舗といった生活基盤、さらには思い出の品々までも失いました。そうした人たちに追い打ちをかけてきたのが、復興事業の一つ、「土地区画整理事業」でした。

土地区画整理事業という言葉自体、馴染《なじ》みが薄いかと思います。震災地に暮らす人たちにとっても、そうでした。しかし阪神・淡路大震災の時も、中越地震の時も行われてきました。土地区画整理事業はいわば、行政が行う震災復興事業の〝定番〟の一つなのです。東日本大震災で大きな被害に遭った岩手県内でも18地区（7市町村）で行われます。

土地区画整理事業は土地区画整理法（１９５４〈昭和29〉年制定）に基づき、道路や公園、

三陸町吉浜《よしはま》地区
日頃市町《ひころいちちょう》
立根町《たっこんちょう》
45
三陸町越喜来《おきらい》地区
三陸鉄道南リアス線
猪川町《いかわちょう》
盛町《さかりちょう》
赤崎町《あかさきちょう》
大船渡町《おおふなとちょう》
三陸町綾里《りょうり》地区
大船渡線
末崎町《まっさきちょう》

土地区画整理事業区域略図——2013 年 9 月時点での事業区域を表す（平成 25 年 9 月 5 日付「広報大船渡」より）

河川などの公共施設を整備・改善し、土地の区画を整えて宅地の利用増進を図るものです。大船渡市は震災翌年の２０１２（平成24）年1月下旬、大船渡町のＪＲ大船渡駅周辺地域で土地区画整理事業を行う構想を示しました。東日本大震災と同程度の津波の浸水に耐えられるよう、土地区画整理事業を導入して盛り土を行い、市の中心市街地を復興させるというのです。

市は7月に地権者説明会、8月に地権者との個別面談会、9月に再び地権者説明会を開きました。そして10月には都市計画審議会に諮った上で事業区域を決定し、区域内に建築規制をかけました。事業区域は当初、ＪＲ大船渡線をはさみ、東側の海側地域と西側の山側地域合わせて37・8ヘクタール（地権者５８９人）でした。２０１３年5月になって津波復興拠点整備事業区域などが除外され、33・8ヘクタール（同５３０人）に変更されます。

この土地区画整理事業は被災した地権者たちから反発を買いました。なぜなら、土地区画整理事業には「減歩《げんぶ》」というものが伴うからです。これも聞き慣れない言葉だと思います。土地区画整理事業では地権者から土地の一部を提供してもらい、道路や公園といった公共施設の整備に必要な公共用地や事業費を生み出すために売却する保留地を確保します。これによって地権者の土地が減少することを減歩と言います。

今回の場合、「土地の所有者は自分の土地を、市が決めた割合で、市に公共用地として提供する」ということです。しかし、この減歩を地権者側からみると、「市が決めた割合で、自分の土地をタダで取られる」という意識が強く働きます。

市は地権者説明会で、減歩率を平均10～15%と説明しました。あくまで平均です。市側は地権者の質問に答えて、100坪以上減歩される人もいると述べました。事業区域に暮らしてきた人たちの大半が震災で自宅や家財、店舗・事務所などを失いました。そうした人たちにとって土地は残された『最後の財産』であり、震災後の生活再建の拠《よ》り所でした。

しかも今回の事業区域では過去にも土地区画整理事業が行われています。その時も地権者たちは市のため、地域のため、と泣く泣く減歩に応じてきたのです。当時は家もありました。家財もありました。しかし、今回は状況が違います。市にいくら震災復興のためと言われても、地権者側にも受け入れがたい事情があるのです。

市の職員は、こんな説明もしました。

「減歩で土地が減っても、区画整理で形が整えられれば利便性が増し、土地全体の資産価値は変わりません」

行政が用いる常套句《じょうとうく》です。

少子高齢化や若者流出による人口減少、地域経済の低迷などにより、大船渡市でも地価は長年下落してきました。そこに震災が起き、浸水した土地の価格はさらに下がりました。加えて、浸水地での住宅再建を断念し、市の内陸部に引っ越す人たちが増えています。過疎化が進行す

【公共団体による土地区画整理事業の仕組みと流れ】土地区画整理事業では、事業に必要な土地を地区内の地権者から少しずつ出してもらう仕組み（減歩）になっています。さらには、事業施行前の条件を考慮しながら、より利用しやすくなるように土地の再配置が行われます。この再配置において、事業施行前の個々の土地に対して、事業により代わりに置き換えられた土地を「換地《かんち》」といいます（38頁を参照）。

換地への移転にあたっては、建築物の所有者や居住者に、通常生ずべき損失及び移転に要する費用が補償金として支払われます。

また、清算金とは、換地によって発生した「不均衡」を是正するシステムです。たとえば換地により事業施行前の権利価額が施行後の評定価額より多いときには清算金が権利者（地権者）へ支払われ、逆の場合には、清算金が徴収されることになります。

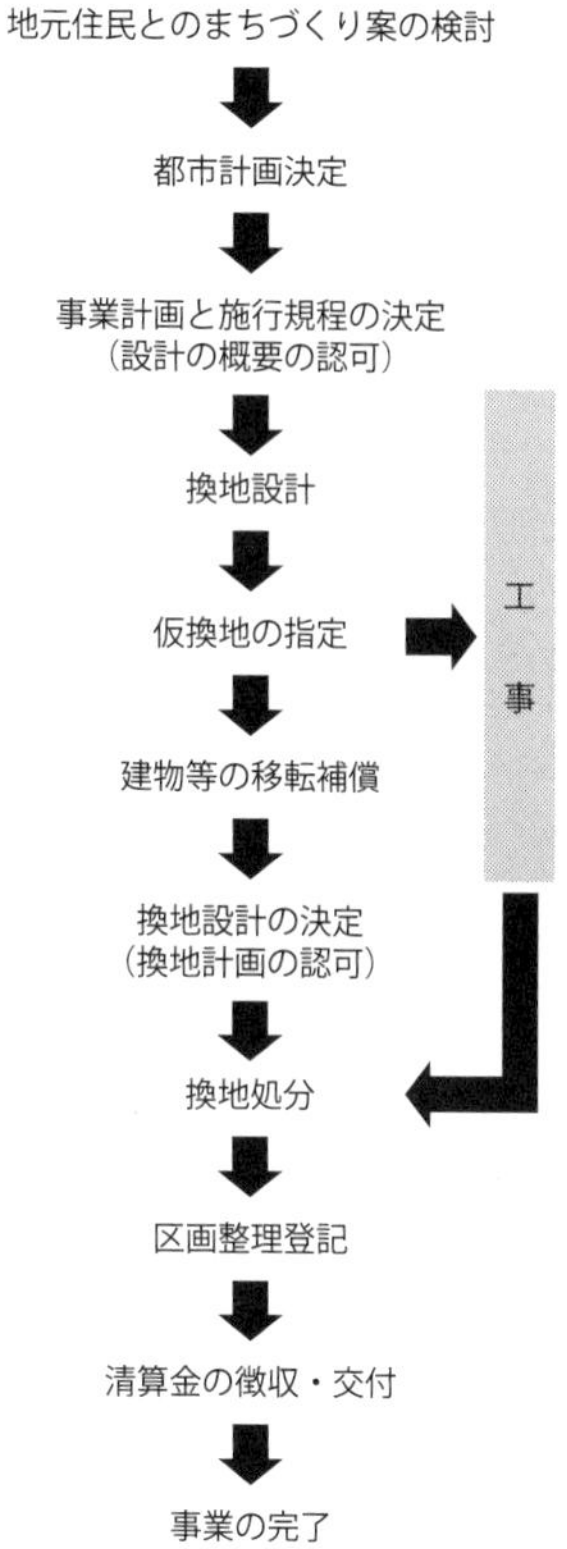

る中、浸水した土地の需要増加は見込めず、土地区画整理事業を行ったとしても減歩分に見合うだけの地価上昇など、考えられません。都市部で行われる土地区画整理事業とは事情が違うのです。

減歩か買い戻しか

大船渡市は2012（平成24）年7月に開いた最初の地権者説明会で、「土地区画整理事業は減歩が基本で、土地の買い取りは行わない」と説明しました。しかし市の方針はその後、コロコロと変わりました。海側地域では土地区画整理事業と津波復興拠点整備事業とのセットで、希望者から土地を買い取る方針を示しました。山側地域の地権者有志が事業区域の見直しを求める署名活動を始めると、山側地域でも緊急防災空地整備事業を導入して土地を買い取ると言い出しました。

買い取るといっても一部の全面買収（強制買い取り）地区以外、全ての土地が買い取りの対象ではありません。▽更地《さらち》で、建物などが建っていない宅地▽抵当権など所有権以外の権利が設定されていない宅地▽登記名義人が死亡している場合、遺産分割協議が完了している宅地――が条件でした。

その年の11月の説明会では対象区域を14地区に分け、買い取り標準価格が提示されました。

土地区画整理や津波復興拠点整備といった復興事業が行われているかつての中心市街地＝2014年6月21日撮影、大船渡市大船渡町

1坪約13万円から約7万円で、多くは10万円前後の設定でした。

ある商店主から私の妻が聞いてきた話です。その商店主は海側地域で、住宅を兼ねた店舗で商売をしていました。建物を津波で失い、50坪の土地が残りました。土地は震災前に1750万円で購入し、ローンを組んで完済していました。その土地に市が示した買い取り標準価格は1坪約10万円でした。売却すれば約500万円になります。しかし、商店主が支払った土地代は1750万円です。市の買い取り価格では1250万円の損失を被《こうむ》ることになるのです。

私の友人が震災前、事業区域の山側地域で暮らしていました。長年借りてきた中古住宅と50坪の土地を震災前にローンを組み、17

00万円で買いました。このうち土地の代金は1400万円でした。震災で家を失った後もローンを支払い続けています。友人が市から提示された買い取り価格は1坪約8万円でした。50坪の土地ですから、売却すれば約400万円です。

「市に土地を売り、そのお金を銀行に支払ったとしてもローンが残る。売らなければ減歩され、土地区画整理が終わるまで家は建てられない。その土地区画整理もいつ終わるか分からない。あと2年で退職を迎えるのに、どうやって生活を再建していけばいいのか」

彼はそう言って、頭を抱えていました。

それから3カ月後に再会した時、彼は土地を売らず、減歩に応じる決断をしていました。市から示された減歩率は10%でした。50坪の10%ですから、5坪減ることになります。しかし、市は友人から5坪だけ提供してもらっても使い途《みち》がなかったのでしょうか。市では友人に減歩する5坪の土地の買い戻しを〝提案〟してきました。価格は市の買い取り価格と同額です。

友人には他に選択肢がありませんでした。

「なぜ、自分の土地を自分が買い取らなければならないのか。その土地のローンも自分が支払っているのに」

そう、友人は怒っていました。

「そこにまた、人が戻ると思いますか?」

土地区画整理事業は減歩を伴うこともあり、過去や他地域の例をみても、平時でさえ地権者交渉が難しく、想定以上の歳月がかかるものです。大船渡市は2012(平成24)年7月に開いた地権者説明会で、「事業完了までに最低9年はかかる」と説明しました。

その説明会で地権者の一人が手を挙げ、発言しました。

「『区画整理に時間がかがっから、その間、みんな、待ってろや!』。そう言われても、どこで商売して待ってんのす! 10年も商売も何もしないで年寄りになって、どうやって、『そこにまた戻ってきて街を造れ』と言うのす。そこにまた、人が戻ると思いますか?」

そう、素朴な疑問と不安を口にしました。そして、行政が進めようとする復興事業への不信感を露《あら》わにし、語気を強めて、次のように続けました。

「俺たちには民間の活力っていうのがあるんです。俺たちが一生懸命やっぺとするのに、俺たちの足を引っ張って、『土盛っから、待で!』『こんな立派な街造っから、待で!』って、何も助けない。土盛る金があったら、おらどさ、よごさい。そしたら黙ってでも建でっから。その予算で、おらどさ、家を建でさせでけらい。流れたらしょうがないがら。その覚悟のある人は建でっから。家を建でっぺとしたり、一生懸命復興しようとする人たちを、行政は、なにして邪魔するの！　行政は、前さ立たなくていいから！　なんで前に立とうとするの、偉そうに！」

会場からは大きな拍手がわき起こりました。

大船渡市は翌2013（平成25）年5月の地権者説明会で改めて、事業期間を同年8月から2021年3月までの「8年間（清算期間1年含む）」と説明しました。実質的な事業完了まで7年です。本当にそれで終わるのでしょうか。阪神・淡路大震災後、兵庫県内の18地区で土地区画整理事業が導入されました。地権者との交渉が難航し、事業が完了するまでに16年を要した地区もあります。

政治や行政は復興という「錦の御旗」を押し立て、被災した市民から『最後の財産』までも削り取っていく。それが被災した側から見た土地区画整理事業の現実なのです。

ポイント 震災で自宅や家財などを失った人たちにとって、土地は残された『最後の財産』であり、生活再建の拠り所です。その土地を減歩したり、実際の購入金額より低い価格で買い取る行政の震災復興事業が被災した人たちの苦悩に追い打ちをかけました。

2 阻害された民間の自助復興

海側地域から始まった復興

ＪＲ大船渡駅周辺の土地区画整理事業区域はＪＲ大船渡線をはさみ、海側と山側の両地域からなっています。

海側地域は震災前、商店街が形成され、市の商業の中心地でした。しかし、津波で建物がほぼ壊滅した上、地震によって地盤が1メートル近く沈み込み、海沿いの防潮堤も崩壊してしまいました。震災から3年以上経っても防潮堤の復旧さえ進まず、大潮や満潮時には冠水が続いています。道路だけを嵩《かさ》上げした結果、海側地域の土地は至る所で陥没状態になっているのです。

そんな海側地域から、民間の手で大船渡市の復興は動き出したのです。海辺のホテルは震災から4カ月後の２０１１（平成23）年7月下旬、被災を免れた最上階の3階で営業を始め、10月には改修を終えて全館営業を開始しました。3階まで被災した、近くの5階建てホテルも12

ＪＲ大船渡線より海側の地域は震災で１メートル近く地盤沈下を起こした。冠水で通行に支障が生じたため、道路だけは嵩上げを行った＝ 2013 年３月 16 日撮影、大船渡市大船渡町・大船渡駅前

月に営業を再開しています。

お店を流された寿司屋は元の場所に木造店舗を再建し、震災の年の11月から営業を始めました。割烹《かっぽう》店も全壊した店舗近くの自宅を改築して再出発。駅前のビルにもスナックやカラオケが再入居し、真っ暗闇だった震災地の夜に一つ、また一つと明かりが灯っていきました。

一方、山側地域でも民間の動きは活発でした。山側地域には幹線道路の国道45号が走り、震災前は多くの住宅が建ち並んでいました。私の自宅もこの地域にありました。津波によって建物の大半は全壊しました。しかし、地盤沈下は起きませんでした。地盤がもともと海側よりも高く、地域内の国道交差点は海抜が約5メートルあります。

震災から３年経っても壊れたまま、無惨な姿をさらし続ける大船渡港の防潮堤＝2014年3月16日撮影、大船渡市大船渡町

被災した建物や残った基礎の解体が終わると、すぐにも活用できる更地が広がることになりました。民間企業はそこに事業所や店舗を建設しようと、震災直後から用地の確保に動きました。

大船渡市は震災が起きた２０１１（平成23）年の10月、復興計画を策定しています。同計画の土地利用方針図で山側地域の大半が「商業地域」と「近接商業地域」に位置づけられたことも、民間の動きに拍車をかけました。

その結果、山側地域では企業と地権者の間で次々と土地の売買や賃貸の契約が交わされていったのです。

２０１２年7月、地元資本のスーパーが大型店舗をオープンさせました。10月には港湾荷役などを行う企業も鉄筋コンクリート造り3階建ての新社屋を完成させました。それらと前後して自動車整備工場やドラッグストア、コインランドリー、ホームセンター、書店、スナックなど新築の建物が続々と建っていきました。大船渡市は建築規制を課しませんでした。岩手県も建築基準法などに適合している建築確認申請には次々確認済証を発行していきました。

全壊を免れた事業所や貸しビル、マンション、コンビニ、医院なども改修を済ませて営業や診療を再開しました。山側地域でも民間はそれぞれの自己責任に基づき、自助復興を始めたのです。

「山側地域に新しい商業地が形成される」

「このままいけば、大船渡はどこの被災地よりも早く復興する」

そう、市民も期待を寄せました。

「民間の動きを加速させて、山側地域にコンパクトな商店街を造り、周辺には避難ビルを兼ねた高層の災害公営住宅を配置する。海側地域には嵩上げを行った上で野球場やサッカー場、陸上競技場などの運動公園を造る」

そうした意見も私の周囲では交わされました。

しかし大船渡市が2012（平成24）年1月にJR大船渡駅周辺の土地区画整理事業構想を公表したことで流れは変わっていきます。事業に伴って、復興計画の土地利用方針図で「商業

震災から 3 年が経過し、復興はなかなか進まない。震災後再建された建物の中には土地区画整理事業で解体移転させられるものも。手前は国道 45 号＝ 2014 年 6 月 21 日撮影、大船渡市大船渡町

地域」「近接商業地域」となっていた山側地域の大半が「住宅地」に変更されることになったのです。

100人が区域見直し署名

山側地域の地権者有志はわずか2回の地権者説明会と1回の個別面談会の後、事業区域を決定して建築規制をかける市の動きに危機感を抱き、地権者や借地権者100人の署名を添えて同年11月、市に事業区域の見直しを求めました。

「土地区画整理事業は復興を遅らせ、被災者を苦しめるだけ。山側地域は土地区画整理の事業区域から除外し、その活用を民間に委《ゆだ》ね、海側地域は行政が責任をもって嵩上げし、利・活用を図るべきだ」

と官民の役割分担による復興を市に訴えました。当然のことながら、市には聞き入れてもらえませんでした。結局、中心市街地域での民間の自助復興の動きは加速することなく、止まってしまったのです。

土地区画整理事業が始まると、事業区域内の建物は立ち退きを求められます。立ち退く建物は移転・解体、そして再移転と再建が行われます。移転・解体に伴う休業期間中の営業補償を含め、かかる費用は全て、国民の税金が使われます。解体される建物の中には震災後、国の補助金で新築された施設もあるのです。

大船渡市は2013（平成25）年5月、JR大船渡駅周辺土地区画整理事業の概算事業費を明らかにしました。全体事業費は約159億円です。このうち「整地費（宅地の造成費等）」はわずか約12億円。突出して多いのが「建物移転費（建築物等の移転補償費）」で、約55億円が計上されています。

ポイント 土地区画整理事業が民間の自助復興の動きに冷や水を浴びせました。行政の事業や規制が往々にして、民間の動きを止めてしまう場合があるということです。

土地区画整理事業の資金計画

（1）収入

区分		金額	摘要
復興交付金	道路事業	約 38 億円	
	都市再生	約 74 億円	
	効果促進	約 39 億円	
	計	約 151 億円	
	公共施設管理者負担金	約 5 億円	須崎川
	市単独費	約 3 億円	
合計		約 159 億円	

（2）支出

事項	金額	摘要
道路築造費	約 40 億円	道路等の工事費
水路築造費	約 6 億円	水路等の工事費
公園・緑地施設費	約 5 億円	公園、緑地等の工事費
建物移転費	約 55 億円	建築物等の移転補償費
移設費	約 8 億円	電気・通信施設等の移設費
整地費	約 12 億円	宅地の造成費等
工事雑費	約 3 億円	仮設道路、維持補修等
調査設計費・事務費	約 30 億円	調査設計費、事務費
合計	約 159 億円	

土地区画整理事業の資金計画（平成 25 年 5 月に大船渡市災害復興局土地利用課が出した事業計画案に関する説明会資料より）

3 非常時にも平時の対応

さらなる苦悩、「換地」

土地区画整理事業が行われる場合、減歩や立ち退きとともに地権者を苦しめる要因の一つに「換地《かんち》」があります。換地は事業に伴って地権者の土地を〝再配置〟することです。

2014（平成26）年2月から3月にかけて、大船渡市からJR大船渡駅周辺の土地区画整理事業区域内の地権者530人に対し、事業に伴って土地をどう割り当てるかという「仮換地案」が示されました。仮換地は仮の一時的な換地という意味ではありません。事業完了後の換地予定地ということ。つまり、「仮換地＝換地」ということになります。地権者は仮換地案が提示されたことで、自分の土地がどうなるのか、その現実を初めて知りました。

地権者の多くは、たとえ面積が減っても震災前と同じ場所か、すぐ近くに形の整った土地を所有し続けることができると考えていました。それが土地区画整理の基本だからです。もちろん、そういう地権者が大勢います。中には震災前よりも条件の良い場所に土地を割り当てられた地権者たちもいます。しかし、世の中というのは必ず、光と影があるものです。

震災前は線路よりも山側の地域に住宅兼用店舗を構え、自営していた家族がいます。所有する土地は角地にあって、四角に近い形状をしていました。仮換地案によってその一家は別の街区の、しかも角地ではない場所に新しい土地を割り当てられました。道路に面した間口は狭く、うなぎの寝床のような形です。これでは商売の再開にも影響が出かねません。

別の家族は震災前、角地にほぼ正方形の土地を所有し、そこに自宅を建て、小さな畑を耕して暮らしてきました。その土地が仮換地案では別の複数の地権者に割り振られ、一家には角地の隣にL字形をした袋小路の土地が割り当てられたのです。

「自分たちの土地だった角地に別の人たちが家を建てた時、同じ町内会のご近所さんとして仲良く暮らすことができるでしょうか。私にはとても、できそうもありません」

その家の主人は納得できない胸のうちをそう話してくれました。

一方、海側地域では元々の土地から飛び離れた場所に新たな土地を割り当てられる「飛び換地」の仮換地案を示され、苦悩する地権者が何人もいました。その一人は先祖代々250年も住み続けてきた線路寄りの土地から引き離され、海際に近い場所へ土地を割り振られました。そこは土地区画整理事業で水産加工場や水産倉庫などの産業用地に指定されている地域です。

「先祖の思いのこもった土地から、その昔、塩田があった場所へ行けと市に迫られている。仮換地先の坪単価はこれまでの土地の半分。震災前からなかなか買い手も、借り手もつかない場

ＪＲ大船渡線の山側地域は地盤沈下も起きず、瓦礫撤去後は広い更地が広がった。土地区画整理事業に伴って建物の建設が規制され、民間の自助復興の動きが止まった＝ 2013 年 3 月 19 日撮影、大船渡市大船渡町

所なんです」

その地権者は先祖代々受け継いできた土地を事業所に貸すなどして生活再建を図ろうと考えていたのです。

仮換地案の見直しを求め、地権者60人が合わせて45通の意見書を市に出しました。市から意見の取り扱いを諮問された土地区画整理審議会は審議を行い、２０１４（平成26）年5月8日付で「基本的に施行者（市）の見解を採用する」と答申し、地権者たちの意見を退けました。

市は答申を受けて意見書と見直し要望書を提出した地権者グループを対象に5月19日、説明会を開きました。その説明会について翌20日付の地元紙『東海新報』が報じています。

大船渡市の戸田公明市長は仮換地案を見直

さず、仮換地指定に進む考えに至った経緯に触れ、「仮に要望を受け止めて第二の案を出すとなれば、玉突きとなることでさらに意見が増え、審議の繰り返しとなり、最大の課題の一つである復興まちづくりは前に進めない」とスピード重視の姿勢を示した、と記事にはありました。

土地区画整理事業では地権者個々の心情や事情は考慮されません。考慮していては事業が進まないのも事実でしょう。とはいえ、思ってもみなかった不利な場所へ換地される市民にとっては、たまったものではありません。

「政治や行政は市民がどうすれば暮らしやすくなるのか、考えてほしい。被災した市民を泣かせて街が復興したとして、それが本当の復興なのでしょうか」

そう訴える地権者もいます。

家や家財、中には家族まで失った上、震災復興の土地区画整理事業によってさらなる苦悩を背負わされた地権者たちが震災の地にはいるのです。復興という大義名分の前では憲法で保障された個人の財産権もかすんで見えます。土地区画整理事業は被災した地域の復興や人々の生活再建に、本当に役立つものなのでしょうか。

ＪＲ大船渡線より山側地域にある大船渡町川原地区は、震災で壊滅状態になりました。震災後は国道45号を境にして、一方が土地区画整理事業の対象区域に入り、もう一方が対象から除外されました。

地権者有志がＪＲ大船渡線から山側地域を土地区画整理事業区域から除外するよう訴えて設置した看板＝ 2013 年 3 月 16 日撮影、大船渡市大船渡町

事業の対象区域では建築規制が課され、建物が建たなくなりました。暮らしていた人たちの流出も顕著です。しかし、対象から外れた区域では新築の住宅や店舗が次々と建っています。銀行の支店も新たにできました。同じ町内会でありながら国道を一本挟《はさ》んだだけで、事業の区域内と区域外では再建のスピードが格段に違っています。この光景を見て、震災復興事業としての土地区画整理事業に疑問を抱く人たちが少なからずいます。

土地区画整理事業によって山側地域は国道45号とほぼ同じ高さの海抜５メートルに嵩上げを行います。嵩上げを行い、湾口《わんこう》に新しい防波堤ができ、海沿いに新たな防潮堤が完成すれば、東日本大震災クラスの津波が襲来しても山側地域は浸水しないと市は説明します。

しかし、東日本大震災では私たち家族が暮らしていた川原地区には、国道45号より4～5メートルも高い津波が襲ってきたのです。

津波はその波高だけが問題なのではありません。津波は陸地をかけ上がって遡上《そじょう》します。その遡上する高さを遡上高と言います。大学や研究機関、建設会社などで構成する東北地方太平洋沖地震津波合同調査グループの調査によると、東日本大震災では大船渡市の綾里《りょうり》湾で局所的に40・1メートルもの遡上高が観測されています。

海抜5メートルに嵩上げしようが、10メートルに嵩上げしようが、津波が遡上した場合に浸水を免れるという保証はありません。津波の波高や遡上高を考えた時、津波対策としての嵩上げが本当に有効なのでしょうか。

未曾有の非常時なのに

「(震災復興事業で)土地の嵩上げを行える国の事業は土地区画整理事業しかない」

地権者説明会での大船渡市の説明です。

市議会の場では、行政が津波で浸水した民間の土地を嵩上げすることについて、「個人の資産を増やすことにつながるためできない」とも説明しています。つまり、個人の資産形成につながる嵩上げに公的資金は使えない。嵩上げするのであれば公共性が高く、減歩などによって個人の資産価値を増やさずにすむ土地区画整理事業の導入を、というのが国の基本的な考え方なのでしょうか。

平時であれば、それも良いでしょう。しかし今は非常時なのです。しかも未曾有と言われる非常時なのです。その状況にあってなお、震災で地盤沈下した土地を嵩上げするのに、国の認める震災復興事業が土地区画整理事業しかない、というのもおかしな話です。

そもそも地震で地盤沈下した土地を盛り土し、嵩上げすることは震災で傷んだ国土を「再生」するということです。国土の再生を行うのに、「個人や民間の資産を増やすことにつながる」という発想が私には理解ができません。

震災地では山を切り崩し、学校の再建や災害公営住宅の建設、高台への集団移転の用地を確保しなければなりません。山を切り崩すと当然、切り土が生じます。その切り土をどこに捨てるか。どう活用するか。さらには切り土の最終処分が済むまでの仮置き場をどう確保するかなど、さまざまな問題が出てきます。

であれば、嵩上げが必要な地域を切り土の処理用地にすればいいのです。山を削って出てきた切り土を捨てる形で、盛り土を行えばいいのです。そうした切り土処理と、処理に伴う整地が震災復興の事業の一つとして認められれば、嵩上げを行うのに土地区画整理事業を導入する必要がありません。そうすれば減歩や換地の問題も起きません。

震災時には被災した人たちや事業所のニーズに対応し、一日も早い生活や事業の再建と復興が実現できるよう、平時の法律や制度の枠を取り払うことも考えてほしいと願います。震災地は地域によって被害も、地形も、産業構成も、生活形態も異なります。それを同じ制度、同じ事業で一律に復興させようとするところにも無理があります。

国会議員や政府、官僚は震災に対応した特別立法を行い、新たな制度を作り、新たな事業を組んでいると言うかもしれません。しかし震災の地に生きる人たちには、依然として平時の法律や制度で非常時に対応しているように思えてならないのです。

ポイント 被災した市民を泣かせても、街を復興させる。それが本当の復興なのでしょうか。復興という大義名分の前には個人の財産権もかすんでしまいます。

4 人の住まない場所に商店街

大船渡市は土地区画整理事業と津波復興拠点整備事業を導入し、大船渡駅周辺をどのように復興させようというのでしょうか。市の資料にはJR大船渡線の線路から海側は「商業・業務・産業用途」として、山側は「安全な住宅地など」として復興を推進するとあります。

市は海側地域を海抜2・5メートルの高さに嵩上げします。海側地域に設けられた津波復興拠点整備事業区域4・2ヘクタールのうち、2・3ヘクタールは平成25（2013）年度に嵩上げが始まりました。

市はこの先行整備区域に商店や飲食店、宿泊施設などを集約し、新たな商業地域を造ります。施設は平成26年度から建設が可能となり、同27年度には先行整備区域での事業が完了する計画です。当初4・2ヘクタールだった事業区域は2014（平成26）年5月、10・4ヘクタールに拡大されました。

出店のハードル

震災で被災した事業所や商店の多くは、市を通じて経済産業省所管の独立行政法人中小企業基盤整備機構の仮設施設整備事業で、仮設店舗を無償で借り受け、営業してきています。大船渡市内にはこうした仮設店舗の施設が80カ所近くあります。

その中で最も大きい施設がJR大船渡駅裏に2011年12月にオープンした仮設商店街「おおふなと夢商店街」（開設時33店舗・事務所）です。翌年7月には隣に地元資本の大型スーパーもできました。当初は被災地を訪れるツアー客も加わり、仮設商店街も賑《にぎ》わいました。しかし、震災特需は最初の年だけでした。その後は閑散とした状態が続いています。

そこから少し東側にいった地域に同じく２０１１年12月、仮設飲食店街の「大船渡屋台村」(20店舗)ができました。やはり、最初の年は賑わいましたが、その後お客さんは減りました。どの店も８人掛けのカウンターがあるだけです。満席になっても日々の売り上げには限度があります。

３店舗が連なる小規模な仮設の商業施設で商売を営む店主は、「営業を再開したはいいが、顧客がよその店に移ってしまい、売り上げは震災前の４分の１に減った」とこぼしていたものです。

新たに造られる商業地域には、こうした仮設店舗で営業している事業者らの出店が想定されています。市が２０１４年１月31日に開いた出店者向け説明会には事業者約50人が参加しました。席上、事業区域内の土地の貸し付けのほか、建物の配置やデザインを市が調整することなどが説明されました。

当然、出店する場合には土地の取得費か賃貸料、施設の建設費がかかります。仮に共同店舗に入るにしても賃貸料や設備費、内装費がかかります。加えて、商店街が整備される海側地域では住宅だけでなく、震災前にはあった住宅兼用店舗の建設が禁止されました。事業者が新

店舗や事業所が連なっていた震災前の大船渡駅前商店街＝2009年4月7日撮影、大船渡市大船渡町、東海新報社提供

たな商業地域に出店すれば、自宅は別の場所に建てるか、借りるかしなければなりません。店舗と自宅の二重再建は被災した経営者には大きな負担です。

5年後、10年後の先行きが不透明な中、新たな投資に踏み切れない店主たちが少なからずいます。高齢化し、後継者のいない店主たちもいます。

「海側に店を開くと、大きな地震のたびに怯《おび》えなければならない」

そう、不安を口にする店主もいるのです。

一方、山側地域は国道45号とほぼ同じ高さの海抜5メートルに盛り土を行い、新たな住宅地を造成します。場所によって盛り土の高さは異なりますが、線路際では3メートル前後の盛り土が行われます。

震災から３年が経った大船渡駅前商店街。新たな商業地などを作るための嵩上げ工事が行われていた＝2014年6月21日撮影、大船渡市大船渡町

大船渡市は地権者説明会で、「事業を終えた場所から建物の建設は可能です」と説明しました。土地区画整理事業は全区域で一斉に行われるわけではありません。区域を分け、順次行われていきます。

私たち家族が暮らしてきた大船渡町の川原地区はＪＲ大船渡駅の南西にあり、半分が山側地域の土地区画整理事業区域に入っています。川原地区では平成26（２０１４）年度に嵩上げ工事が始まりました。しかし、道路一本隔てた東隣の地区は事業着手が平成29年度の計画です。

地権者の一人が市の説明会で質問しました。

「盛り土した土地に、一体、誰が家を建てるのですか？」

市から返ってきた答えは、こうです。

「地主さんたちに家を建ててほしいと願っています。そう、希望しています」

川原地区では市に願われ、希望されても、事業区域内に自宅を建てる人はほとんど、いません。すでに事業区域外に自宅を建てたり、他町に自宅の建設用地を確保した人たちが少なからずいるのです。

大船渡駅裏に位置する隣の地区も同様です。震災から2年を経ずして10世帯以上が土地区画整理と関係のない場所に移っていきました。事業完了を待っていては自宅や生活の再建は難しくなるからです。

しかも、盛り土した地盤の軟弱さは誰もが知っています。大きな地震が起きるたびに盛り土した土地で液状化や亀裂などが生じて住宅が傾いたり、壊れるといった被害が各地で出ています。「いくら建設が可能と言われても、盛り土して造成された土地には怖《こわ》くて家が建てられない」という声を大船渡町内でも耳にします。津波の記憶が生々しく残る中、「浸水した場所には家を建てたくない」という人たちもいます。

市の説明資料には、盛り土をする山側地域に「730人」が住むという数字が載《の》っていました。しかし、その根拠は示されていません。「土地区画整理事業を行った結果、家の建たない土地だけが残ってしまうのではないか」。そう心配する人たちも少なからずいるのです。

行政主導の限界

大船渡市では震災で約２８００世帯の家屋が全壊しました。市は岩手県とともに自宅を自力再建できない人たちのため、市内26カ所に災害公営住宅８０１戸（２０１４〈平成26〉年11月末現在）を建設する計画です。

市の中心地・大船渡町にできるのは１９７戸です。このうち大船渡駅周辺地域に建てられるのは98戸にすぎません。大船渡町内では約１０００戸が、同駅周辺の一角に位置する私たちの川原地区だけでも１２５戸が全壊しているのです。

災害公営住宅の多くは市の内陸部にある他の町に造られます。大船渡町内で暮らしてきた人たちの中には、災害公営住宅の入居に伴って他町へ〝移住〟する人たちが少なからずいるのです。震災後はただでさえ、大船渡町内から他町や他市への世帯流出が続いています。

そうした状況の中で大船渡町に新たな商店街が先行整備されているのです。新たな商店街の商圏人口は震災前に比べて激減するのは必至です。下手をすると、周りに更地が広がる中、商店街だけがポツンとできることになりかねません。誘客策の一環として、震災後に山側地域にオープンした大型スーパーを立ち退かせ、海側地域の新たな商業地域に再配置することも計画されています。しかし近くに大型店があり、周囲に住宅がたくさんあった震災前でさえ、駅前の商店街は人通りが少なく、経営は厳しかったのです。

とはいえ、仮設店舗の設置期間終了に伴い、新商店街に出店するしか選択肢のない経営者がいます。一方、「テナント料によっては廃業するしかない」と口にする経営者もいます。市の計画に見切りをつけ、事業区域外に自前で店を建てた経営者もいます。それぞれが将来への不安を抱えながら、それぞれの選択を迫られてきているのです。

阪神・淡路大震災の後、兵庫県神戸市は甚大な被害に遭った長田《ながた》区で、震災復興事業として商業地域に再開発事業、その周辺地域には土地区画整理事業を導入して大規模再開発に乗り出しました。総事業費は約2700億円です。長田区を商業ビルや高層マンションなど44棟が建ち並ぶ「神戸の西の副都心」として再生しようとしたのです。

神戸市は被災した土地と建物を買い取り、新たな商業ビルを建設して、地権者でもあった商店主たちに売り戻しました。商店主らは賃貸を要望したのですが、認められませんでした。商売を続けるため、金融機関からお金を借りて店舗スペースの買い取りや設備費、内装費に充《あ》てました。

人口が増える神戸市にあって、長田区だけは震災後の人口減少が止まりませんでした。立派なビルが建ち、商店街がきれいに蘇《よみがえ》っても、被災して長田区を離れた人たちが戻ってこなかったからです。出店した商店主らは多額のローンを抱えた上、お客さんの減少によって赤字経営を余儀なくされることになりました。神戸市に納める固定資産税も、ビルの管理・運営を行う第三セクター会社に支払う共益費も高額でした。

結局、再開発ビルのスペースの約半数が売れ残ってしまいました。このため神戸市は内装工事費を補助した上、破格の料金での賃貸を始めました。そのことが今度は、再開発ビルの資産価値を暴落させてしまいます。商店主が商売をやめようとテナントを募集しても、店主の希望する賃貸料と市の格安賃貸料との間に開きもあり、新しい借り手が現れません。

不動産業者に売却を相談すると、「再開発ビルの店舗は値が付かないほど価値が下がり、売れない」と説明されたと言います。お客が来ず、借り手も買い手もつかず、ローンだけが残った店舗を抱え、廃業さえできない商店主らもいるのです。

再開発ビルの管理費をめぐって、店舗所有者が住宅所有者の数倍以上負担していた問題も表面化しました。2012（平成24）年1月には商店主ら52人が管理費を過剰に徴収されたとして管理・運営にあたる第三セクターを相手に、約3億円の過払い金の返還を求めて集団訴訟を起こしています。

長田区は今、「『復興公害』にあえぐ再開発の街」と呼ばれているのです。

あの神戸でさえ、そうなのです。行政主導による復興プロジェクトの限界を見る思いがします。さらに驚くべきは震災から20年を迎えてもなお、長田区では復興プロジェクトとしてビル建設が続いていることです。大船渡市の新たな商業地域が長田区の二の舞にならないことを、市民の誰もが願っています。

ポイント 行政が行う震災復興事業によって、神戸市では「『復興公害』にあえぐ再開発の街」が生まれています。その二の舞を繰り返してはなりません。

5 高台移転と災害危険区域の設定

復興まちづくりの理念とは

大船渡市も国の防災集団移転促進事業（防集事業）を導入し、震災で自宅を失った人たちの高台集団移転を進めてきました。防集事業で移転する人たちの住宅跡地は市の買い取りの対象となります。震災後に町内会解散を余儀なくされた地域の有志らが、市に防集事業の説明会を開いてもらいました。できれば住宅跡地を買い取ってもらい、自宅再建の足しにしたいという思いがあったからです。

「集団移転は民家5戸以上まとまって行うことが条件」

「集団移転する民家の宅地は買い取るが、それ以外は買い取らない」

それが市の説明でした。買い取り価格にも触れたと言います。

その町内会の地域は海沿いにありました。津波で壊滅し、暮らしていた人たちは各地の仮設住宅に分散してしまいました。継続的に集まって話し合うことはもちろん、一緒に移転する5戸以上の組み合わせを決めることなど、とてもできない相談でした。住宅跡地を買い取ってもらえるのでは、という望みは消えました。

しかし、買い取ってもらえる人も手放しでは喜べないのです。妻の友人の一家は津波で自宅を失い、近所の人たちと高台移転することになりました。震災前に暮らしていた自宅の宅地面積は60坪です。市から提示された買い取り価格は1坪3万円でした。全て売却しても180万円にしかなりません。

それればかりか、移転する人たちは市が造成した高台の土地を、市から買い取らなければなりません。その一家が示された市の売り渡し価格は1坪5万円でした。1坪当たり2万円の持ち出しとなります。行政からすれば、それが正常な買い取り価格であり、当然の売り渡し価格なのだと思います。

「いくら安くても、買い取ってもらえるだけいい」という意見があります。確かに、その意見にも一理はあります。一理はありますが、それで本当に被災した人たちの生活再建につながるのでしょうか。

震災直後から高台への集団移転の必要性を指摘する声が聞かれました。浸水した土地との等価交換で、街ごとそっくり高台に移転するのであれば多くの人が賛成します。しかし大船渡市では地形的にみて、それは困難です。高台移転は結局、切り崩した山の斜面などに小規模あるいは中規模の住宅団地を造るのがせいぜいなのです。

市は2013（平成25）年秋、大船渡町の中心地域からやや離れた高台に移転用地66区画を造成する計画を立て、募集を行いました。ところが、申し込みはわずか6区画にとどまりました。その後再募集を行ったのですが、応募は増えるどころか、逆に減り、結局、この造成計画は中止となってしまいました。

岩手、宮城両県では津波の浸水区域内に再建される住宅が増えているとの報道があります。なぜなのでしょうか。

私たちの地域でも少子高齢化と核家族化が進んでいます。高台に移転した人たちは確実に高齢化します。やがて自動車の運転ができなくなり、足腰も弱ってきます。そうなった時、高台からどのようにして平地の街へ買い物に行けばいいのでしょうか。どのようにして病院へ通えばいいのでしょうか。わずかな年金暮らしでは毎回、タクシーを使うこともできません。

大船渡市は冬も比較的温暖です。とはいえ、冬場の朝夕には高台の路面は凍結します。日陰では日中でも解けない時もあります。自動車を運転する女性や高齢者はそのことも心配しています。

「津波が来ても人は死なない、家は流されない」

これが、大船渡市の掲げる復興まちづくりの理念です。行政は高台移転を進めることで人の命と家を守ることができるかもしれません。ですが、それでは被災した人たちは、自分たちの生活を守ることができません。行政は移転する人たちの毎日の生活、そして10年後や20年後の生活まで考えて、高台移転を進めているのでしょうか。

買い取り対象から外れた知人

震災地の市町村の多くが東日本大震災の浸水エリアなどを「災害危険区域」に指定し、建物の建築制限をかけました。災害危険区域は建築基準法に基づき、自治体が条例を定めて災害の危険がある場所を指定し、住宅の新築や増改築を制限するものです。

大船渡市も指定を検討していることが２０１２年11月14日付の地元紙などで報道されました。市民の多くはこの時初めて、災害危険区域なるものがあることを知りました。地区説明会も経て、翌13年3月に「大船渡市津波防災のための建築制限等に関する条例」が制定され、4月から施行されました。

大船渡市の場合、災害危険区域は震災後の防潮堤整備などを前提として、東日本大震災クラスの津波が襲来した場合に想定される浸水の深さ（浸水深）によって4段階に分け、設定されています。

浸水深がおおむね2メートル以上のエリアが「第一種区域」、2メートル未満が「第二種区域」です。第二種区域は▽「A」＝浸水深1メートル以上2メートル未満▽「B」＝同じく1メートル未満▽「C」＝東日本大震災の津波で浸水した区域で、新たな津波浸水シミュレーションで浸水が想定されないエリア——の3段階に分けられています。指定区域内に学校や病院、社会福祉施設などを建てることはできません。

問題は住宅です。第一種区域では住宅の建設が全面的に禁止されました。店舗兼用住宅も禁止です。店舗や事務所などの建設は可能ですが、その場合は自宅を第一種区域以外の場所に建てなければなりません。第二種区域の場合、住宅の建設は認められています。ただし、宅地の嵩上げの高さや建物の構造・階数などの条件があり、居室の場所まで指定されます。

当初、行政に買い上げてもらえる浸水地域の土地は防集事業で移転する人や土地区画整理事業対象区域内の住宅跡地など、ごく限られたものでした。住宅建設が禁止される第一種区域の住宅跡地がどうなるのか。報道でも、説明会でも市からは全く説明がありませんでした。このため誰もが買い取ってはもらえないものと諦めました。

2013（平成25）年5月、大船渡町内のあるお店を訪ねた時のことです。受付の女性がポツポツと語り始めました。女性の家族は震災前、海の近くに暮らしていました。津波で自宅を失い、自宅跡地が災害危険区域に入る可能性の高いことを知りました。住宅再建を急がなければならない事情があったのでしょう。なけなしの貯金をはたき、借り入れまでして、住み慣れた場所から遠く離れたところに土地を購入し、家を建てているとのことでした。

「私たちの土地は土地区画整理の対象区域ではないので、買い上げてもらえません。私たちは、市に捨てられたんです」

そう言って、声を詰まらせました。

その話を聞いてから3カ月後の8月末、市は第一種区域の住宅跡地も買い取る方針を示しました。津波浸水シミュレーションなどの結果を踏まえて10月から災害危険区域の指定を順次行い、11月末までには市内全地区で指定を終える予定でした。しかし、指定に必要な防潮堤などの整備計画が確定しないことから指定スケジュールは大幅に遅れることになりました。

私の知人は震災前、大船渡町の海のそばに暮らしていました。仮設住宅で避難生活を送った後、高台に自力で新たな住宅を建てました。以前の自宅跡地は土地区画整理事業区域から外れていたので、第一種区域に指定され、市に買い取ってもらえることを期待していました。

知人が暮らしてきた地域の指定は２０１４（平成26）年8月に行われました。海沿いに建設が計画されている防潮堤の内側は全て第二種区域に指定され、彼の自宅跡地もまた第二種区域となりました。彼の地域で第一種区域に指定されたのは海に面した防潮堤の外側だけでした。以前は牡蠣《かき》の殻《から》をむく作業小屋などがあった場所です。

第二種区域でも市は土地を買い取ることになりました。ただし、買い取るのは災害公営住宅に入居する人の住宅跡地だけです。同じ第二種区域でも自力で別の場所に自宅を再建した人は、買い取りの対象から外されました。

津波で被災した住宅跡地の買い取り枠は２０１４年の初めまで、土地区画整理事業と津波復興拠点整備事業の区域を除くと、▽災害危険区域の第一種区域の人▽防集事業で移転する人▽防集事業と一体的に整備される災害公営住宅の入居者――となっていました。

大船渡市では防集事業で21カ所の団地が整備されます。しかし、防集事業と一体的に整備される災害公営住宅はわずか2カ所です。平地の少ない市内にはあまり適地がなく、防集事業で整備する団地内に全ての災害公営住宅を建設することができなかったのです。その結果、災害公営住宅入居者の多くは住宅跡地を買い上げてもらえないという状況が生じることになりました。

市はこの問題の解決を国に要望し、協議を行ってきました。その結果、住宅跡地の買い取り対象が全ての災害公営住宅入居者に拡大されることになり、２０１４年3月に公表されました。

おかげで災害公営住宅の入居者は第二種区域内でも住宅跡地を買ってもらえることになったのです。この点は市の努力を認め、評価したいと思います。しかし同じ第二種区域内の住宅跡地でも、自力で別な場所に家を再建した人は買い取り対象外です。当事者にすればなかなか納得のいかない話です。

私の知人と同じ地域に、先ほどの女性の自宅跡地もありました。知人と同様、すでに別な場所に家を建てていますので、その女性も跡地を買い取ってはもらえません。結局、知人もその女性も自分たちが家を建てず、今後の活用見通しさえ立たない土地が浸水地に残ることになりました。「使い途のない土地の固定資産税をこれからズーッと収め続けなければいけないのか」。そう、知人はため息をついています。

買い取り価格の設定

大船渡市内の災害危険区域は震災から3年半ほどかかって、2014年10月に26地区での指定が完了しました。第一種区域に指定されるか、第二種区域に指定されるかで状況は大きく変わってきます。指定の遅れは被災した人たちの自宅や生活の再建に影響を与えることになりました。

阪神・淡路大震災や中越地震の震災復興でも、災害危険区域は設定されました。その時、被災した人たちから何の声も上がらなかったのでしょうか。私たちの市では住宅建設禁止区域の話が出て以降、ただでさえ先行きに大きな不安を抱えながら、さらなる苦悩を背負わされた人たちがいたのです。

震災に伴う住宅跡地の買い取り価格はこれまで述べてきたように、決して高いとは言えない金額です。もともと行政が用地買収する際の価格は地価公示価格などを規準に決められます。私たちの地域でみると、地価公示価格は民間で実際に売買される実勢取引価格のおおよそ半分というのが相場です。

大船渡市は防集事業で移転する人の宅地買い取り価格について、▽不動産鑑定評価を実施して決定します▽土地の売買契約締結時における正常な取引価格により算出します――と広報で説明しています。

宮城県石巻市は2013（平成25）年9月から防集事業で災害危険区域の住宅跡地などの買い取りを始めました。その新聞報道によると、石巻市の買い取り価格は市街地が震災前の実勢価格の8割、半島・周辺部は7割を目安にしています。実勢価格に近い金額で買い取ってもらえれば、被災した人たちは大いに助かると思います。

大船渡市内の災害危険区域には、市が買い取る土地と民有地がまだら模様に広がることになります。そうした状況の中で市は取得した土地をどのように活用し、地域の復興につなげていくのでしょうか。
賛否はさておき、大船渡町のＪＲ大船渡駅周辺では市が土地区画整理や津波復興拠点整備といった事業を導入し、〝復興〟に向けて動き出しました。その一方で、土地区画整理事業の対象から外れた地域をはじめ、同じように大きな震災被害に遭った対岸の町や隣の町などをどのように復興させていくのか。同じ大船渡市内に暮らしながら、市の計画や動きがあまり見えても、聞こえてもきません。

ポイント 次の震災から人々の命と家を守ることは大切です。しかし、移転する人たちの10年後、20年後の生活まで考えて、行政は高台移転を進めているのでしょうか。

6 エレベーターのない災害公営住宅

不評の最大の理由

大船渡市は大船渡町の北隣にある盛《さかり》町に、県内の被災地第一号となる５階建ての災害公営住宅を造りました。少し歩けば商店街やショッピングセンター、医院があり、JR大船渡線と三陸鉄道南リアス線の盛駅もあります。立地条件としては悪くありません。その災害公営住宅44戸の入居募集が2012（平成24）年10月から行われ、12月4日に入居が始まりました。ところが、応募があったのはわずか6世帯でした。なぜでしょうか。

その災害公営住宅はまず、新築ではありません。市が独立行政法人雇用・能力開発機構（現・独立行政法人高齢・障害・求職者雇用支援機構）から築28年の雇用促進住宅を買い取り、改修したものです。しかも1階は津波で被災したため、居住禁止となっています。

災害公営住宅は一度入居すると、別の災害公営住宅に移ることができません。加えて、仮設住宅は無料で住めますが、災害公営住宅は入居した時点から家賃を支払うことになります。少し我慢していれば、新しい災害公営住宅ができるのです。よくよくの事情がない限り、急いで中古住宅に入る必要がありません。

不評の最大の理由は別にあります。実は、5階建てなのに、この建物にはエレベーターが付いていないのです。若い人でも毎日歩いて4階や5階に上り下りするのは大変です。どう考えても、高齢者や障害のある人には無理です。小さな子どもがいる家族にも無理です。市は当初、入居対象を家族世帯に限定していました。あまりの応募の少なさに単身世帯にまで対象を広げましたが、それでもなかなか埋まりませんでした。2014年7月22日号の『広報大船渡』でも

5階の7戸を募集していました。

44戸という数字は入居世帯の有無にかかわらず、大船渡市が造った災害公営住宅の〝実績〟として県や国に報告され、その数だけが一人歩きしています。

行政が家を失った人たちのために一日も早く災害公営住宅を造りたいという、その気持ちは分かります。しかし、ただ数を造ればいいのでしょうか。エレベーターのない5階建て中古住宅を災害公営住宅にすれば、どうなるか。よく考えれば分かりそうなものです。市は買い取りと改修に7000万円もの大金をかけました。そのほとんどが国費、つまり、税金が使われているのです。

孤独死を低減させる方法とは

私たち家族が暮らしてきた大船渡町の川原地区には市有地があります。そこには市の老人福祉センターが建っていました。被災して解体され、隣の市営プール跡地と合わせ、広い更地ができました。私たちの川原町内会では市に対し、その市有地に避難ビルを兼ねた高層の災害公営住宅を建て、町内会の人たちを入居させてほしいと要望しました。市有地であれば地権者交渉も、土地の買い取りや賃貸の費用もかかりません。市が決断すれば、すぐにも建てられます。

1階に店舗、2階には高齢者向けデイサービス施設などを入れ、3階以上が居住区域。最上階は集会スペースとして使うとともに、食料や飲料水などを保管しておき、災害時には市民の避難所として活用する。それがそもそもの構想でした。

阪神・淡路大震災で家を失った人たちは、元の居住地に関係なく災害復興住宅に移された結果、隣近所のつながりが薄れ、孤独死が増えたと指摘されています。要望が実現されれば、川原町内会の人たちは住み慣れた地域に戻ることができます。しかも、一人暮らしの高齢者も周りが顔見知りなので、安心して暮らすことができます。そうなれば孤独死の心配も低減されます。これがモデルケースとなり、町内会ごとの災害公営住宅が新しい商店街の周辺に建つことも願っていました。

しかし、市の考えは違っていました。

「あの市有地は以前から都市計画で『公園』用地に指定されており、建物は建てられない」

まるで、木で鼻をくくったような回答でした。その『公園』用地には市の建物が建っていたのに、です。町内会長は復興庁に電話を入れ、直訴しました。

「地域の皆さんがそれで良いというのであれば、『公園』にこだわる必要はありません。市から申請していただければ予算をつけます。そのことを市に伝えてください」

それが復興庁の答えでした。しかし、復興庁の回答にも市の姿勢は変わりませんでした。その後、市の中でどんな変化があったか分かりませんが、市が川原地区内に3階建ての災害公営住宅（戸数29戸）を建ててくれることになりました。

ただ、建設場所が市有地のすぐ西隣の民有地なのです。市有地があるのに、なぜ隣りの民有地なのか。割り切れないものが残ってしまいました。

将来の空室対策の必要も

大船渡市内の災害公営住宅は木造や鉄筋コンクリート造りの平屋建てから7階建てで、1DK、2DK、3DKの間取りで建設が進められています。

その災害公営住宅の最初の説明会が震災翌年の2012（平成24）年3月に開かれました。その時の説明によると、市は木造2階建てを基本（後に3階建ても追加）に整備し、間取りは1DKと2DKというものでした。「それでは狭い」「3DKも造ってほしい」という声が相次ぎました。

これに対して市は、①入居するのは高齢者が中心、高齢者は部屋数が多いとかえって困るはず②人数の多い家族は世帯分離を行い、2軒借りればいい③若い世代は自分たちで家を建てる人が多いはず――と説明しました。

1DKでは一つの部屋とダイニングキッチン（台所と食堂）という狭い空間の中で、日常生活を送らなければなりません。夜は部屋のテーブルを片付けて布団をしき、就寝することになりかねません。朝はその逆です。親族や友人が来ても泊めることができず、収納にも困ります。

高齢者だから1DKでいい、というのは生活を無視した考え方です。リビングルーム（居間）のスペースがない分、むしろ居間用と寝室用の2部屋が必要になります。さらに、市は簡単に、「家族の多い世帯は世帯分離して2軒借りればいい」と言います。2軒借りれば家賃も水道光熱費も2軒分かかるのです。

2012（平成24）年10月の市の広報で災害公営住宅の家賃が紹介されました。家賃は世帯の「政令月収額」に応じて決められます。政令月収額という言葉自体、市民の多くはこの時初めて知りました。その算出方法も載っていました。

「（世帯の年間所得額－同居および別居扶養親族控除額－特別控除額）÷12カ月　※扶養親族控除額は1人当たり38万円」

この計算式を見て、自分の世帯の政令月収額を計算できた人が、何人いたでしょう。いたとすれば所得の確定申告をしている人でしょうか。

2DKの家賃一覧表も掲載されました。「6800円」（政令月収額0円）から「5万8800円」（同25万9001円以上）まで政令月収額によって16区分されていました。駐車料金は別払いです。

市の広報には次の記述もありました。

「入居から3年を越え、さらに世帯の政令月収額が15万8000円を越える場合は収入超過者と認定され、家賃が割り増しになる上、住宅を明け渡すよう努める必要があります」
「入居から3年を越え、さらにそれ以降に2年間続けて世帯の政令月収額が31万3000円を

減免後の家賃の目安

（2DK、60 m²、新築、入居１年目）

政令月収額（円）	家　賃（円）
0	（減免後）　6,800（2,200）
1 ～ 17,250	（減免後）　11,500（6,600）
17,251 ～ 34,500	（減免後）　11,500（11,100）
34,501 ～ 40,000	（減免後）　11,500
40,001 ～ 51,750	（減免後）　16,200（15,500）
51,751 ～ 60,000	（減免後）　16,200
60,001 ～ 69,000	（減免後）　20,900（19,900）
69,001 ～ 80,000	（減免後）　20,900
80,001 ～ 104,000	（減免なし）22,200
104,001 ～ 123,000	（減免なし）25,600
123,001 ～ 139,000	（減免なし）29,300
139,001 ～ 158,000	（減免なし）33,000
158,001 ～ 186,000	（減免なし）37,700
186,001 ～ 214,000	（減免なし）43,600
214,001 ～ 259,000	（減免なし）51,000
259,001 ～	（減免なし）58,800

※政令月収額が104,000円以下の場合、本来の家賃は22,200円となりますが、減免により上表の金額が家賃の目安となります。ただし、市独自の減免基準により、（　）内の金額まで減免される場合があります。
（平成24年10月22日付「広報大船渡—お知らせ版—」より）

超えることがある場合は高額所得者として認定され、収入超過者よりも家賃が高額になる上、住宅を明け渡す義務が発生します」

つまり、一定以上の世帯収入がある家族は自力で家を再建するか、民間の賃貸住宅に移れ、ということのようです。一定以上の収入があるからといって、全ての人が家を建てられるわけではありません。

まして民間の賃貸住宅は被災して少なく、すでにある物件は満杯です。退去を求められても、市内で移り住める場所はなかなか見つかりません。そうなると大船渡に住みたくても、住み続けることのできない人たちが出てくることになります。自力で家を建てたり、民間の賃貸住宅に暮らす余力のある人たちは、そもそも災害公営住宅に入ろうなどとは考えないのです。

災害公営住宅には着工前から心配されていたことがあります。将来必ず生じるであろう「空室」問題です。計画によると、大船渡市内には災害公営住宅が801戸建設されます。このうち市が290戸、県が511戸を建てます。市が建設した分は当然、市が管理します。県が建設した戸数の半数ほどが市の管理に移され、市は合わせて500戸を超す災害公営住宅の管理を行うことになっています。

高齢者や高齢世帯が少なからず入居するはずです。何年かすると余力が生まれて、自宅を再建する家族が出てくるかもしれません。一定の収入のある世帯は時期が来ると明け渡しを求められ、退去を余儀なくされます。

そうしたことを考えると、将来的には確実に空き部屋が増えていきます。入居者が減り、空室ができても、市は災害公営住宅を維持管理していかなければなりません。建設には国の予算がついても、維持管理費に国の補助はありません。そうなれば入居費だけでは足りず、市民の税金を災害公営住宅の維持管理に充てざるを得なくなります。人口が減少し、税収増も見込めなさそうな中で、市にとっては大きな負担となるのは確実です。

そうであるなら、5年とか7年入居すれば、希望する世帯には格安で売り渡すことを考えてはどうかと思います。購入した家族は自宅を所有したことになり、財産ともなります。そうなれば子どもや孫たちに引き継がれていく可能性が出てきます。分譲マンションと同じで、売り渡せば市には分譲収入や固定資産税が入ってきます。それらの収入を空室などの維持管理費の一部に充てることもできます。

そのためにも入居を希望する人たちの意見を取り入れ、入居した家族が買い取りたいと思えるような部屋を造るべきです。最低でもリビングルームをつけた1LDKや2LDK、さらには3LDKの間取りを考えてほしいと思います。万が一、どこかで災害公営住宅を建てる必要が生じた場合、入居する人たちのことや将来の空室対策も考えて計画してほしいと願います。

ポイント　災害公営住宅の空室問題は必ず起きます。入居者に格安で分譲することは被災した人たちの持ち家対策だけでなく、空室対策にもつながります。

7 加速する人口減少

大船渡市や陸前高田市でも少子高齢化や若者の流出による人口減少が続いてきました。東洋経済新報社が震災前に発行した『2010地域経済縦覧』の市区町村別将来推計人口（2008年推計）によると、2035年に大船渡市は約2万8000人（震災前・約4万人）、陸前高田市は1万6000人（同・約2万4000人）に激減すると見込まれていました。

そして震災が起き、大船渡市では419人、陸前高田市では1763人（いずれも2014〈平成26〉年11月30日現在）が亡くなったり、行方不明となっています。

自宅を失った人たちの中には仮設住宅の建設が遅れたり、長引く避難所生活に見切りをつけ、生まれ育った故郷を離れる人が少なからずいました。支援や支援情報を得るため、住民票を移さないまま、よそで避難生活を送っている人たちが相当数いる、とも言われています。震災によって仕事を失った人たちの中には、働く場を求めて故郷を後にした人たちもいたようです。

一方、被災した企業や工場、店舗は長期の休業を余儀なくされました。製造や営業を再開した時、取引先や顧客がすでに別の企業や商店と取引を始めていました。以前取引があったからといって、新たに出来上ったルートに食い込むのは容易なことではありません。震災前の売り上げには及ばず、やむなく解雇した従業員の全員を呼び戻せないでいる企業もあります。それでも再建を果たし、再雇用を始めた企業はまだいい方です。中には震災を機に工場を閉鎖し、撤退してしまった進出企業もあります。

震災後、地域の求人数は求職者数をはるかに上回る状況が続いています。かつてないほどの〝売り手市場〟です。岩手労働局のまとめによると、2013年7月時点の大船渡職業安定所管内（大船渡市・陸前高田市・住田町）の有効求人倍率は1・89倍と、岩手県平均の1・03倍を大きく上回っていました。有効求人倍率というのは職業安定所に登録されている有効求職者に対する有効求人数の割合のことです。

同安定所管内で求人の多い職種は土木・建築、水産加工、看護、介護などです。しかし、企業がいくら求人を出しても、なかなか働き手は集まりません。働き手を求める求人側と働きたい（働ける）仕事を求める求職者の思いが一致しない、「雇用のミスマッチ」を挙げる関係者がいます。それも大きな要因かとは思います。

同時に、職を求める側が正規雇用による安定した収入と生活を望むのに対し、求人は短期の非正規雇用が多いという現実もあります。その上、資格を必要とする求人も結構あるのです。その知人は2013（平成25）年の夏、知人が何度か所用で大船渡職業安定所を訪ねました。その知人は「ロビーもカウンターもガラガラで驚いた」と話していました。

時間ばかりが過ぎ、復旧や復興がなかなか進みません。災害公営住宅一つとっても、いつになったら必要戸数が完成するのか、見通しがつきませんでした。自分自身の将来や家族の生活再建を考え、若者や働き盛りの世代が都市部などに流出してしまっているのではないか。そもそも仕事を求める人の絶対数が、この地域から減ってしまっているのではないか。そう心配せずにはいられません。

大船渡市や陸前高田市では震災がなくても毎年、高校を卒業した大勢の若者たちが進学や就職で故郷を離れていました。復興が遅れれば遅れるほど、そうした若者を中心に地域からの人口流出が加速していきます。一旦離れると、人はなかなか戻って来られないものです。その一方で、私たちの地域に他所《よそ》から移り住んでくれる人たちがどれだけいるでしょうか。とりわけ、若い世代はどれだけいるでしょうか。私たちの地域は少子高齢化がなお一層進み、最終的には高齢者が多い過疎地域になりかねません。

陸前高田市は2011年12月に震災復興計画を策定しました。計画では将来の人口規模目標を2万5000人台（震災発生時2万4260人）に設定しています。いくら目標とはいえ、この数字にはいささか驚きました。人口の減少要因はあっても、震災時を上回る増加要因があまり考えられないからです。それでも一日も早く復興がなり、人々が生活再建を果たし、復興計画の人口目標に近づくことを願わずにいられません。

東北の復興は時間との勝負です。復興に時間がかかればかかるほど人口減少※が加速し、地域としての基盤が崩壊していきます。

加えて、あってはならないことですが、復興途上に首都圏や中京・関西圏などで震災が起きるようなことがあれば、東北に復興予算が回ってくるか、心配されます。しかも日本は1000兆円を超す借金を負っています。国の財政がもっと厳しくなれば、東北に復興予算が回ってこなくなる恐れもあります。

※【人口減少】有識者らでつくる民間研究機関「日本創成会議」（座長・増田寛也元総務大臣）は2014（平成26）年5月8日、2040（平成52）年における市町村別の将来推計人口と若年女性人口の変化について独自の試算結果をまとめ、公表しました。それによると2040年の人口は大船渡市が2万2987人（震災前・約4万人）、陸前高田市が1万2426人（同・約2万4000人）、住田町が2910人（同・約6000人）と推計されています。

ポイント 復興が遅れれば遅れるほど、若者を中心に地域からの人口流出が加速していきます。一旦離れれば、人はなかなか戻って来られません。復興は時間との勝負なのです。

8 壊れた金魚鉢と金魚たち

何に対する備えなのか

大船渡市内では国が200億円もの大金を投じ、東日本大震災の大津波で破壊された湾口防波堤を再建しています。平成28(2016)年度に完成の予定です。

費用がいくらかかるのか分かりませんが、岩手県と大船渡市は市内の海沿いに震災前の規模を上回る防潮堤を築きます。大船渡町の湾岸に造られるのは高さ7・5メートルの防潮堤(震災前3・6メートル)で、同28年度に完成の予定です。

新たな湾口防波堤と防潮堤ができれば、明治三陸大津波と同程度の百年に一度の津波には対応できる、と大船渡市は説明しています。同時に、それだけでは千年に一度という東日本大震災クラスの津波には対応できない、とも指摘しています。前者は「数十年から百数十年に一度の比較的発生頻度の高い津波」、後者は「発生頻度が低い、既往最大クラスの津波」という表現に置き換えられたりもしています。

千年に一度、あるいは発生頻度が低いという大津波に対応するため、市が進めているのがJR大船渡駅周辺での土地区画整理事業です。そのために約159億円もの巨費が投じられます。

湾口防波堤や防潮堤の効果を質す市民に市側は、

「全ての構造物は完璧ではありません。『100％安全を保証します』ということではありません」

と答えました。

「土地区画整理で盛り土すれば、山側地域に津波は来ないのですか」

という市民の問いには、

「山側を海抜5メートルに盛り土をすれば津波は来ないというのが、シミュレーションによる今の想定です。『想定が全て100％ではない』と言われれば、それまでです」

そう、回答しました。正直と言えば正直な答えです。しかし、最初から行政の責任を回避すべく、予防線を張っているようにも思えます。

国は湾口防波堤を再建し、岩手・宮城・福島の3県は沿岸に巨大堤防を築こうとしています。

そして被災した市町村の中には東日本大震災クラスの大津波に備え、土地区画整理事業を導入し、長い年月と巨費を投じて津波浸水地域の嵩上げを行っているところも少なからずあります。どこまで先を見通した安全対策を行えばよいのでしょうか。もちろん、発生頻度の低い大災害にも備えることは大切です。そういう大災害も起こり得るのだ、と常に肝に銘じておくことは必要です。

湾口防波堤にしても、海沿いの堤防にしても、土地区画整理事業による嵩上げにしても、全て不要だ、と言うつもりはありません。ただ、コンクリート製構造物の耐用年数は約50年とも言われます。50年後に大船渡町がどうなっているか、分かりません。まして100年後や500年後、さらには千年後のこととなると、誰にも分からないのです。

今後50年の間に技術が進歩し、効果的な津波対策が生まれてくる可能性もあります。だとすれば、今造る構造物は「数十年から百数十年に一度の比較的発生頻度の高い津波」に対する備えで十分なのではないか、と思うのです。

明日にも再び千年に一度、あるいは二千年に一度の震災が起きるかもしれない、と指摘する専門家がおります。そうなればどんなに構造物を造ろうが、盛り土をしようが、役には立ちません。逃げること、逃がすこと。それ以外に対策はないのです。人間の力で自然の力に対抗することの限界と愚かしさ。人工構造物が人間にもたらす甘えと油断。そのことを私たちは、東日本大震災で身にしみて学んだはずです。むしろ、ほかに行うべきことがあるのでないでしょうか。

土地区画整理事業の〝災厄〟

関西学院大学災害復興制度研究所の客員研究員・西隆広さんがまとめた『震災復興土地区画整理事業による人口変動――兵庫県南部地震後、芦屋市からの報告』というレポートがあります。兵庫県南部地震というのは阪神・淡路大震災をもたらした地震の正式な呼び方です。

西さんが暮らしていた兵庫県芦屋市でも、震災復興事業として土地区画整理事業が3カ所で行われました。西さんも震災で自宅を失い、宅地が土地区画整理事業の対象区域に入れられました。地域住民の一人として、事業の白紙撤回を求める住民組織の幹事や市の土地区画整理審議員などを務めました。

震災からしばらくして、西さんは震災復興のまちづくりに携わった専門家らの報告書を読みました。当然あるべきだと考えていた事柄が、それらの報告書には全く触れられていなかったと言います。そこで、西さんは市の統計資料を基に調査し、自ら報告書をまとめました。

「(土地区画整理)事業が区域内住民に与えた影響はプラスだけではなかった。事業による建築制限は人口回復を長期に阻害し、被災者の生活再建や被災地域経済にマイナスの影響を与えた」

これが西さんの報告書の結論概要です。西さんは災害復興事業が被災者、被災地域にもたらす〝陰〟、すなわち〝災厄〟を次のように挙げています。

①　事業による住宅再建の制限がもたらす長期に亘《わた》る実人口の減少

②　実人口減少の長期化がもたらす地域の商店主など地域を主な商圏とする事業者に対するダメージ

③　避難生活の長期化による心身的負荷の増大（罹《り》病《びょう》の可能性の増加）および経済的損失の増大

④　②③の状況から逃れるため元の地域での生活再建断念、地域経済にとっての悪循環の進行

⑤　事業に対する対応、評価など受け止め方と、事業の進め方に対する考え方の相違による住民同士の対立が生み出す地域コミュニティの分裂などのダメージ

以上の5項目です。

報告書で西さんは、災害復興の手段としての土地区画整理事業は失われた従前家屋の再建に視点を定め、かつ地域住民の多くが賛成し迅速な施行が可能な場合に〝是〟とする、としています。

しかし、被災者の奇禍《きか》を行政の奇貨《きか》とし、〝千載一遇《せんざいいちぐう》のチャンス〟とばかり都市計画道路などの実現手段として土地区画整理事業を用いることは認めない、と指摘します。さらに事業の運用次第では「減歩は土地のただどり」との受け止めもありえる、とも書いています。

阪神・淡路大震災から1年に当たる日、当時の芦屋市長が新聞に『阪神大震災一年　国は思い切った支援策を』と題する意見を掲げました。感想を求められた西さんは、次のように答えました。

「政府が住専《じゅうせん》に行おうとしているような財政出動が被災者個人にも行われなければ、阪神間の激甚《げきじん》被害地域は地域経済の崩壊と共にゆっくり死にます。そして今の時点での土地区画整理事業などは地域をオーバーキルするものではないか、と最近考えます」

住専は住宅金融専門会社※の略称です。オーバーキルというのは不必要に過剰な力で相手にとどめを刺すことです。芦屋市でも事業対象地区外で避難生活を送っていた被災者の多くが、も

※【住宅金融専門会社】個人向けの住宅ローンを目的として、都銀や農協系金融機関が1970年代に相次いで設立した。バブル期に進出した不動産融資に失敗し、7社が債務超過に陥った。国は損失の穴埋めに約6800億円の税金を投入した。（2007年10月19日付朝日新聞夕刊「キーワード」より）

ともと暮らしていた場所に戻ろうとして戻れませんでした。「復興事業による建物建築制限の長期化はいわれなき、厳しい淘汰圧《とうたあつ》を、被災者に、地域経済にかけ続けた」と西さんは報告書に記しています。

そして『あとがき』で、土地区画整理事業に奔走する行政の姿を興味深い比喩《ひゆ》を用いて、西さんは次のように表現しました。

「地震で壊れた金魚鉢を前に、放り出されもがく金魚をほったらかしにして、鉢をいかによりきれいに直すかで騒いでいる」

西さんが糾《ただ》しているのは、被災して苦しむ人たちの生活再建を置き去りにして進められる行政の復興のあり方です。

東日本大震災で被災した人たちもまさに、壊れた金魚鉢から放り出された金魚たちなのです。震災復興はまず、もがき苦しむ金魚を救うことから始めなければいけないはずです。金魚が死んでしまえば、いくら金魚鉢をきれいに直しても、その鉢で泳ぐ金魚がいなくなってしまいます。

神戸や芦屋のように〝ブランド力〟のある市であれば、それでも他所から金魚が飛び込んできてくれるかもしれません。東北の沿岸部は、そうはいきません。金魚が死ねば、残るのは空っぽの金魚鉢だけです。

震災の地には明日への希望を見出せず、時に心が折れそうになりながら、不安な日々を過している人たちがいるのです。被災した人たちの生活再建こそが、震災復興では最優先されるべきです。人々の生活再建なくして、地域の復興はあり得ません。政治や行政の復興の動きをみていると、一番大切な視点が欠けているように思えてならないのです。

ポイント 震災復興はまず、もがき苦しむ金魚を救うことから始めなければいけないはずです。金魚が死んでしまえば、いくら金魚鉢をきれいに直しても、その鉢で泳ぐ金魚がいなくなってしまいます。

9 義援金と生活再建支援金

過去最高の義援金の受け付け

私たち家族が皆さんから頂戴した義援金について書きます。

さまざまな機会に、

「私も義援金を寄付しました。日本赤十字社にもたくさん集まったようですが、木下さんのところではいくらもらえたのですか？」

よく、そう聞かれたものです。

東日本大震災に際して国内外の皆さんから、日本赤十字社だけでも３２８７億円（２０１３〈平成25〉年10月24日現在）の義援金を受け付けています。この金額は過去のいずれの災害時をも上回っています。

さて、自宅が全壊した我が家の場合、いくら頂戴したのか。頂戴した者には報告の義務があると考え、預金通帳から書き出してみました。

２０１１（平成23）年
5月19日　50万円（オオフナトシ カイケイカンリ）
6月17日　１００万円（ザイ）トドウフケン カイ）
7月28日　81万５０００円（オオフナトシ サイガイギ）
8月12日　１万５９５０円（イワテケン フッコウセイカツ）
11月2日　13万２０００円（オオフナトシ サイガイギ）
12月20日　15万３０００円（同）
２０１２（平成24）年
5月17日　10万円（オオフナトシ サイガイギ）

7月12日　1万4000円（同）
12月20日　4万4000円（同）
2013（平成25）年
12月19日　6万8000円（同）

以上、合計284万1950円でした（2013年12月末現在）。

このほかに台湾仏教会から直接、現金で7万円を頂戴しました。

大船渡市のホームページ「東日本大震災にかかる災害義援金・被災者支援等について」（2013年12月19日現在）によると、日本赤十字社本社や中央共同募金会、岩手県災害義援金募集委員会に寄せられた義援金のうち、私たちのような全壊世帯に配分された義援金は1世帯当たり172万3000円となっています。また、大船渡市に直接寄せられた義援金からは10万3000円の配分も受けました。岩手県からも1万5950円支給されています。

さらに、私たち家族が頂戴した金額の中には、法律に基づいて自然災害で被災した世帯に支給される「被災者生活再建支援金」が含まれています。「ザイ)トドウフケン カイ」とある財団法人都道府県会館から振り込まれた100万円が、それです。この支援金は阪神・淡路大震災を契機として、1998年5月に成立した「被災者生活再建支援法」に基づく支援制度です。支援金には都道府県が相互扶助の観点から拠出した基金と国庫補助金が充てられます。

加算支援金200万円のゆくえ

被災者生活再建支援金の支給額は住宅の被害規模のほか、単身世帯か家族世帯かによっても異なります。我が家のような家族のいる全壊世帯への支給額は1世帯当たり最大300万円で、このうち基礎支援金は100万円と設定されています。基礎支援金は自治体が一軒一軒の被害調査を元に、被害状況に応じて決まった金額を、それぞれの世帯が指定する銀行口座に振り込みます。

被災地の自治体は少ない職員体制でさまざまな震災対応に追われました。その結果、人員不足から生活再建支援金を支給するための被害調査がなかなか進みませんでした。我が家の場合、町内会のあった地区全体が「全壊地域」の指定を受けていたため、住所を告げただけで全壊と認められました。それでも支援金が振り込まれたのは、震災から3カ月以上経った6月17日のことです。日赤などに寄せられた義援金が初めて振り込まれたのも、震災から約2カ月後の5月19日でした。

震災直後は家や家財を失い、現金も手元にはそれほどありませんでした。頼れる現金がないというのは本当に心細いものです。後で精算するにしても、生活再建支援金か災害義援金から50万円でも30万円でも震災直後に現金でもらえれば、どれだけ助かったことかと思います。

自宅が全壊し、仮設住宅やみなし仮設で暮らしている人たちは、生活再建支援金300万円のうち、加算支援金と言われる残額の200万円をまだ受け取っていません。もしかすると、受け取れないかもしれません。200万円の加算支援金は自宅を新築・購入する時に支給されることになっているからです。

自宅を新築・購入する世帯にはこのほか、県や市町村からさまざまな補助金が出ます。住宅ローンの利子補給も行われます。その利子補給だけで最大700万円以上受けられるケースがあると言います。

加えて、被災した沿岸の自治体は競い合うかのように、住宅再建費の補助を上乗せしてきています。ある町が支援額を近隣より50万円多い150万円にしたところ、隣の市は200万円に増額しました。するとその町は同額の200万円にする提案を町議会に行いました。議員からは、それ以上の増額を求める意見が出たと言います。それぞれが近隣よりも手厚い支援を行うことで人口流出を防ぎ、あわよくば移り住んでもらいたいという思いがあるのです。

「各種制度をうまく活用すれば、利子補給分を含め、最大で1000万円前後の助成を受けられる」

行政から補助や支援などを受け、大船渡町内に自宅を再建した知人はそう話しています。

いくら生活再建支援金の加算支給や各種補助金・支援金、さらには利子補給まであると言われても、それだけで土地を買って家を建てたり、家を購入することはできません。元手となる資金がなければ、自宅は再建できないのです。自力で自宅再建ができない世帯は行政の各種の補助金や支援金を受け取ることができません。当然のことながら、利子の補給もありません。

加算支援金200万円のうち、賃貸住宅に入居する全壊世帯には50万円が支給されることになっています。この50万円も公営住宅入居者は対象外ですから、災害公営住宅に入る世帯には支給されません。つまり、民間の賃貸住宅に入居する世帯には加算支援金の150万円は支給されないということです。公営住宅に入居した世帯は200万円が丸々もらえないということです。

自宅を新築・購入する人たちも加算支援金200万円が支給されれば助かると思います。同時に、自力で自宅再建ができない人たちもまた、これからの生活を考えた時、200万円があれば本当に助かるのです。とりわけ、少ない年金をもらいながら仮設住宅で暮らし、その後災害公営住宅で老後を送る高齢者にとって、200万円の有る無しは切実な問題と言えます。

もちろん、100万円の基礎支援金をいただけただけでも、被災した人たちは感謝しています。ただ、叶うならば自宅の新築・購入の有無に関係なく、被災した人たちの生活のため、生活再建支援金を全額支給してもらえないものかと思います。

ポイント 生活再建支援金の加算支援金200万円は自宅を新築・購入する人に支給されます。しかし、自力で自宅再建ができない人たち、特に年金暮らしのお年寄りたちにこそ、加算支援金は必要なのです。

10 震災の地の人々

二極化への懸念

「東日本大震災は風化が進んでいる」。報道でよく、そう指摘されます。風化は何も、全国的な話ではありません。

被災した地域でも風化は進んでいるのです。

震災地には家族や自宅、事務所、店舗などを失った人たちがいます。自宅は無事でも、家族を失った人たちもいます。家族は無事でも、自宅や仕事を失った人たちもいます。仮設住宅で暮らす人たちもいれば、みなし仮設という民間や公営の賃貸住宅で生活を送る人たちもいます。

自宅と家財を失った人たちでも、土地区画整理事業の対象区域に入れられたか、入れられなかったか。災害危険区域に指定されたか、されなかったか。それによっても置かれた状況は全く異なります。

被災したとはいえ、お互いがそれぞれ抱える悲しみと苦しみを本当に理解し、共有することは容易ではありません。「被災者」という言葉では一括りにできない現実が、震災の地にはあるのです。

一方で、家族も住まいも仕事も失わず、その意味では震災前と変わらない生活を送っている人たちも大勢います。その人たちにとっては震災地に広がる非日常的な光景も日常と化しています。被災した当事者たちが直面してきた苦悩もほとんど知りません。同じ震災地に暮らしながら見る世界、関心を持つ世界が分かれてしまったとしても、それは仕方のないことだと思います。ただ、問題の渦中に投じられた人たちに思いを寄せてほしいと心から願います。

家を失った人たちの中でも、余力のある人とそうでない人の格差が生じています。これも震災地の二極化の一つです。余力のある人たちは自前で土地を確保して家を建て、仮設住宅を出ていっています。自宅の建設を計画している人たちもいます。一方で、自宅再建の見通しさえつかない人たちが大勢います。中には自分の持ち家を諦めた人たちもいます。そうした人たちが一日千秋の思いで待ちわびるのが、災害公営住宅です。

しかし大船渡市でも他の震災地同様、建設は遅れています。市内には市と県が合わせて801戸の災害公営住宅を建設する予定です。震災から3年経っても完成したのは56戸でした。このうちの44戸は、あのエレベーターなしの5階建て中古住宅です。

「おれの生涯は仮設で終わるのか」

そう言って、気落ちしている高齢者もいました。

「2年経ったら部屋が傾いてきた」

仮設住宅に家族と暮らす友人は、そう話していたものです。友人家族の部屋は棟の東端にありました。以前は簡単に動かせた玄関戸が、力を入れなければ開け閉めできなくなったのです。仮設住宅の基礎は細い木杭を打っただけです。仮設はあくまで仮設です。長期入居用には造られていません。

災害公営住宅建設の遅れの要因として、建設資材の高騰や建設従事者の不足が指摘されています。しかし、それ以上に建設用地の確保が大きな壁となっていたようにも思えます。震災後間もなく県内外の民間ディベロッパーや住宅メーカーはあちこちで宅地を開発し、アパートやマンションを建てました。募集した先から分譲地は売れ、部屋は埋まっていきました。民間にできて、行政にはなぜ、できなかったのでしょうか。行政の提示する金額が低過ぎ、地権者交渉が難航したのでは、という話をよく耳にしたものです。

仮設住宅やみなし仮設に暮らし、入居を希望する人たちの誰もが、一日も早い災害公営住宅の完成を願っていました。完成すれば仮設住宅が建ち並ぶ小・中学校の校庭を、子どもたちに返すこともできるのです。

それでも辛抱強く生きる人たち

時間ばかりが過ぎる中、震災地に暮らす人たちの心が荒れていくことも心配の一つでした。震災で無事だった家が落書きされ、その家族の車のタイヤがパンクさせられたという出来事が新聞で報道されました。ともに自宅を失い、震災直後は〝戦友〟のように避難生活を頑張ってきたのに、一方が自宅を再建した途端、相手の態度がよそよそしくなった。そんな話も聞きました。

よその町の話ですが、ある人が仮設住宅で暮らす親戚に野菜を送ろうと思い、「何時に届くように送ればいい？」と尋ねました。

すると親戚の人は、こう答えたそうです。

「夜に届くようにしてほしい。日中に届くと周囲の人たちが見ていて、『あの人のところにはよく物が届く』と妬《ねた》みを受けるから」

なんとも、やるせない気持ちになります。

時の経過とともに人々に笑顔が戻ってきました。しかし、その裏には時間がいくら経とうと癒えない悲しみと苦しみが隠されています。そして地域の中には目に見えない亀裂も生じてきているのです。

晩秋のある日の夕方、知り合いの高齢者夫婦を仮設住宅に訪ねました。

ご主人は布団に入って寝ていました。「病気では？」と心配になって奥さんに尋ねてみると、「なんともない」とのこと。布団から出て居間に来たご主人が、私に聞いてきました。

「こたつの電気、入れるが？」

電気こたつも普段はこたつ掛けで暖を取り、電気を入れるのはお客さんが来た時だけだ、というのです。

「仮設住宅は狭く、ストーブが危なくて使えない。取り付けられているエアコンは電気代がかるのでつけない」

そう、話していました。

仮設住宅での暮らしがいつまで続くか分かりません。部屋代が無料でも、光熱費や水道代など生活に欠かせない費用は個人負担です。昼間から布団にくるまって寝ていたのも、普段はこたつの電気を入れないのも、電気代を節約するためでした。そうした慎《つつ》ましやかな生活を送っている入居者もいるのです。

「対象となる支援制度がないため、支援を受けたくても受けられず、生活再建のメドが立たない」

そう悲嘆に暮れる零細漁業者がいる、という話を大分前に聞きました。その漁業者のことが心に引っかかって離れません。

将来の見通しが立たないという大きな不安を抱えながら、それでも震災の地で人々は辛抱強く生きています。今でも震災の地に心を寄せてくださる人たちが大勢おります。継続的に訪ねてきてくれる人たちもたくさんおります。

「私たちは忘れられていない」。その思いが震災地に生きる人々の力となっています。

ポイント 被災した地域でも震災の体験は風化していきます。そして復興の遅れに伴ってさまざまな形で二極化が進み、目には見えない亀裂も地域の中に生じていきます。

第二章

被災するということ

1
豊かな自然と歴史、文化の地

私たちが暮らす気仙地域は岩手県沿岸南部にあって、宮城県と県境を接しています。地域で最南端にあるのが陸前高田市で、その北に大船渡市があります。住田町は両市に接して内陸部に位置しています。気仙地域は宮城県気仙沼《けせんぬま》市と隣同士なため、混同されてしまうことが度々あります。気仙の地は夏涼しく、冬温暖な気候で、「岩手の湘南」とも呼ばれます。特に大船渡市と陸前高田市は北国・岩手にあって降雪、積雪ともに極めて少なく、雪かきをすることが珍しいほどです。

東を望めば太平洋が広がっています。沿岸部はリアス式の海岸が続き、沖合には世界三大漁場の一つ、「三陸漁場」があります。海に面した大船渡、陸前高田の両市は水産業が主要産業で、ワカメや牡蠣、ホタテなどの養殖漁業も盛んです。大船渡魚市場はサンマの水揚げで本州トップクラスの実績を誇ります。

緑豊かな山々は林産資源が豊富です。中でも「気仙杉」は木肌のつやの良さ、温かな手触り、よく通った木目、独特の芳香が特徴で、地域をあげてブランド化に取り組んできました。軽くて、軟らかいため加工のしやすさも特徴の一つとなっています。

木材といえば住宅ですが、この地には江戸時代からの伝統技法を継ぐ「気仙大工」たちがいます。家大工でありながら神社仏閣の建設も手がけ、建具や彫刻までこなす卓越した技能者たちで、全国的にも高い評価を得ています。その中には船大工たちもおり、江戸時代の千石船を平成の世に復元建造して注目を集めました。復元された「気仙丸」はドラマの撮影やイベントなどで活躍しています。

気仙の地を潤《うるお》して流れる清流は川魚の宝庫です。その代表が住田町に源を発し、陸前高田市の広田湾に注ぎ込む気仙川です。7月のアユ釣り解禁ともなると全国各地から釣り人たちが訪れます。

気仙は近世まで「産金の地」として名を馳《は》せていました。奈良の大仏の塗金《ときん》に使われ、奥州藤原氏の栄華を支えたのも気仙の金だったと言われています。陸前高田市の玉山《たまやま》金山はとりわけ産出量が多く、気仙を代表する金山でした。1904(明治37)年には時の政府が玉山金山を抵当に、欧米から日露戦争の戦費8億円を借り入れました。知る人ぞ知る〝気仙秘話〟の一つです。

気仙3市町の中で大船渡市は人口や経済規模などからみて長兄的な存在で、水産業はもとより、商工業も活発です。全国や県内外に事業を展開する地場企業が何社もあり、進出企業とともに地域経済を支えてきました。大船渡湾奥部《わんおうぶ》には高さ150メートルを誇る太平洋セメント大船渡工場の大煙突があり、赤と白の縞《しま》模様に塗られてそびえる姿は市のランドマークともなっています。

大船渡港は県内最大規模を誇る貿易港で、重要港湾に指定されています。2007（平成19）年には県内で初めて韓国・釜山《プサン》港との間に国際定期コンテナ航路が開設されました。三陸鉄道・南リアス線は同市の盛駅を起点に、釜石市との間を走っています。

陸前高田市は海と山、川の美しい自然にあふれ、気仙地域の〝観光の顔〟とも言える存在です。中でも白砂青松《はくさせいしょう》の「高田松原」は県内最大の海水浴場で、夏は毎年大勢の海水浴客で賑わったものです。

気仙地域にさまざまな祭りがある中で、その代表格が約900年の歴史を持つ同市気仙町の「けんか七夕」です。山から切り出した太い藤づるで杉の丸太を山車《だし》にくくりつけ、飾り付けた3トンもある山車を太鼓《たいこ》の乱れ打ちとともにぶつけあう勇壮な祭りです。その祭り太鼓がきっかけとなり、1989（平成元）年からは〝太鼓の甲子園〟と呼ばれる「全国太鼓フェスティバル」が開かれています。

四方を山に囲まれた住田町は林業が盛んで、「森林・林業日本一のまちづくり」を目指し、官民一体で取り組んでいます。町の西側には岩手を代表する詩人・童話作家の宮澤賢治がこよなく愛し、作品のモチーフにした高原「種山ヶ原《たねやまがはら》」が広がっています。

鍾乳洞《しょうにゅうどう》の「滝観洞《ろうかん》」は天井の裂け目から落差29メートルの滝が流れ落ち、洞内滝としては日本有数の高さです。近くには「白蓮洞《びゃくれん》」があります。NHK連続テレビ小説『花子とアン』（2014年4～9月放送）で脚光を浴びた歌人・柳原白蓮の愛弟子に住田町出身者がおりました。その縁で白蓮が来町したのにちなみ、発見されて間もない鍾乳洞にその名が付けられました。同町などにまたがる五葉山《ごようざん》のヒノキから江戸時代に火縄が作られ、伊達藩に献上されていました。その故事から、1991年に町民が「五葉山火縄銃鉄砲隊」を結成、町内外のイベントで活躍しています。

このように豊かな自然と温暖な気候、連綿と続く歴史や文化の中で、気仙の人々は日々穏やかな生活を送ってきたのです。

2 過去の体験と言い伝え

かつて「復興不能」と言われた大船渡

気仙地域を含む岩手県の沿岸部は１８９６（明治29）年と１９３３（昭和８）年の三陸大津波で、大きな被害に遭いました。多くの犠牲者も出しました。しかし、二つの大津波の体験と教訓は時の経過とともに、気仙に暮らす人々の記憶から消えていきました。

大船渡市民や陸前高田市民にとって、津波と言って、真っ先に思い浮かぶのは１９６０（昭和35）年のチリ地震津波です。南半球の南米、チリの沖合で大地震が発生しました。日本でその揺れを感じることはありませんでした。しかし、地震によって引き起こされた津波が一昼夜かけて太平洋を越え、日本時間の5月24日早朝、不意打ちするかのように日本へ襲いかかってきたのです。

大船渡市と陸前高田市はその直撃を受けました。特に、細いU字形をした大船渡湾では、湾内に入り込んだ津波が湾奥部で大津波に変貌《へんぼう》して暴れまくりました。この津波によって全国では１４２人の死者、行方不明者が出ました。そのうちの3分の1強に当たる53人もの犠牲者を出したのが、実は、大船渡市だったのです。大船渡市の中心市街地である大船渡町、とりわけJR大船渡線から海側の地域は、東日本大震災と同様に壊滅的な被害を受け、「大船渡は復興不能」とまで言われました。

犠牲者と被害があまりにも甚大だったため、私たちの地域では直近のチリ地震津波の体験と教訓が語り伝えられることになりました。行政の津波対策も長い間、チリ地震津波が基準となっていきました。岩手県が平成16（２００４）年度に新たな地震・津波防災シミュレーションを出すまで、大船渡市でも、陸前高田市でも避難所はチリ地震津波の浸水状況などを勘案して設置されてきました。

街中のあちこちに、「ここまでチリ地震の時は○メートルの津波が来た」と知らせる津波水位表が取り付けられました。津波防災訓練と言えば毎年決まって、チリ地震津波が襲来した5月24日に行われてきました。こうした積み重ねにより、「昭和35年のチリ地震津波の時、津波がここまで来たか、来なかったか」という物差しで、私たちは地震発生時の避難対応を考えるようになっていたのです。

チリ地震津波は日本の遥か遠くで発生した地震が引き起こした「遠隔地津波」でした。東日本大震災は規模こそ異なりますが、明治と昭和の三陸大津波同様、日本列島の近くで起きた地震がもたらす「近海津波」です。それぞれ、襲来の仕方も違います。それなのに私たちは「津波」という言葉で一括りにし、直近の津波にのみ囚《とら》われてきたように思います。

私たちの地域にはＪＲ大船渡線が走っていました。震災前まで列車が運行していました。震災で線路が被害を受け、２０１３（平成25）年３月から盛駅（大船渡市）と気仙沼駅（宮城県気仙沼市）の区間でＢＲＴ（バス高速輸送システム）が運行されるようになりました。その大船渡線について子どもの頃、地域の古老からよく聞かされた話があります。

「鉄道の線路というのは、過去に津波がどこまで来たかを調べて、それよりも高い場所に敷かれている。だから、どんな津波も線路を超えて来ないんだ」

というものでした。

「大船渡は復興不能」と言われたチリ地震津波の時でさえ、大船渡町では線路より山側の地域はそれほどの被害を受けませんでした。そのことが結果として、古老たちの言い伝えを〝立証〟する形になってしまったのです。

「過信」と「甘え」、そして「油断」

チリ地震津波後、さまざまな防災施設が整備されました。大船渡湾では国が１９６３（昭和38）年から4年の歳月と19億円の事業費を投じ、国内では初めてという湾口防波堤を建造しました。湾口中央部を約２００メートル開け、北側に長さ２４３・７メートルの北堤、南側には

291メートルの南堤が築かれました。最大水深は38メートルでした。

海沿いには堤防が造られました。チリ地震津波の際、大船渡町の中心地域で氾濫《はんらん》を起こした川の河口には高い水門もできました。こうした整備が進むことで私たちの心の中に生まれたのは、防災施設が津波から街や私たちを守ってくれるという「過信」と「甘え」、そして「油断」でした。

2010年2月27日、チリの中部沿岸で大地震が発生しました。私たちの脳裏に1960年の恐怖が蘇りました。気象庁は翌28日、岩手県や宮城県などに最高レベルの『大津波警報』を出し、「岩手県には3メートルの津波が襲来する」と発表しました。しかし、大船渡で実際に観測された津波は、わずか40センチでした。

それから約1年後の3月9日、今度は三陸沖を震源とする「最大震度5」という大きな地震が起きました。この時、気象庁が出したのは『津波注意報』でした。注意報なのに大船渡で観測された津波は、前年の大津波警報時を上回る60センチだったのです。

そして2日後の2011年3月11日午後2時46分、あの、巨大地震が起きます。地震の規模を示すマグニチュードは日本観測史上最高の「9・0」、最大震度は宮城県栗原《くりはら》市で記録された「震度7」。大船渡市でも「震度6弱」を記録しました。気象庁は再び『大津波警報』を出し、「岩手県には3メートルの津波が襲来する」と警告を発しました。確かに、私たちが経験

破壊した建物や車などを呑み込んで筆者を追いかけてきた津波。津波が巻き上げた土ぼこりなどが舞い、空は白く煙った＝2011年3月11日15時32分撮影、大船渡市大船渡町、東海新報社提供

したことのない大地震でした。「今度こそ津波が来る」と誰もが思いました。しかし、本当に「3メートルもの津波が来る」と信じた市民は、何人いたでしょうか。懸命になって情報を提供してくれる気象庁には大変申し訳ないのですが、気象庁の予測通りに津波が来たことはないという「慣れ」も、私たちの間には生まれていたのです。

もう一つ、防災行政無線の放送です。私には地震直後に鳴り響いたサイレン以外、当日の防災行政無線についてほとんど記憶がありませんでした。

私の勤めていた地元紙・東海新報社※は震災から1年を迎え、写真集『鎮魂　3・11　平成三陸大津波』を出版しました。

私もその編集メンバーの一人となり、写真

集に添えるＤＶＤ『大船渡湾口防波堤倒壊』の編集作業に加わりました。その過程で社員の撮影したビデオの音から大船渡市役所が防災行政無線を通じて、いつ、どのような放送をしていたのか、初めて知りました。市は地震発生から6分後の午後2時52分に大津波警報発令を伝え、午後3時2分に津波情報第一号を放送しています。撮影されたビデオには午後3時12分の津波情報第二号から収録されていました。

「ピン、ポン、パン、ポン。市役所からお知らせします。津波情報第二号、津波情報第二号。現在、大船渡沿岸における津波は15分を周期に反復しております。厳重な警戒をしてください。現在、大船渡沿岸における津波は15分を周期に反復しております。厳重な警戒をしてください。こちらは防災大船渡広報です。ピン、ポン、パン、ポン～」

これが津波情報第二号でした（以下、情報本文のみ）。

それから8分後、地震発生から34分後の午後3時20分、新たな津波情報が放送されました。

※【東海新報社】１９５８（昭和33）年12月に創刊しました。岩手県大船渡市に本社を置き、気仙地域をエリアとする地域紙（月曜休刊）を発行しています。役員・社員合わせて37人（２０１４〈平成26〉年4月現在）。新聞の題号「東海新報」は大船渡市が岩手県沿岸でもほぼ最東端に位置することから『東海』の二字を冠《かん》しました。

押し寄せた津波で壊滅した大船渡市大船渡町の中心市街地＝ 2011 年 3 月 11 日 16 時 20 分撮影、東海新報社提供

「津波情報第三号。現在、大津波警報が発令中です。沿岸住民はただちに高台に避難してください」

この放送の前に、すでに浸水していた地域があったのです。その後、津波情報は数分おきに出されます。

「津波情報第四号。先ほど、大船渡沿岸で3メートルの潮位《ちょうい》を観測しました。沿岸住民はただちに高台に避難してください」（午後3時23分）

「津波情報第五号。現在、大津波警報が発令中です。沿岸住民はただちに高台に避難してください」（午後3時35分）

第五号の放送前に大船渡町をはじめ沿岸の各地域では甚大な被害が出ていました。

そして午後3時40分には、次の放送がなされました。

「津波情報第六号。現在、津波により盛川が氾濫しています。川沿いの住民はただちに高台に避難してください」

この第六号が放送される前に、盛川沿いでは水没状態の地域が出ていたのです。

津波情報を伝える放送は平時同様、「ピン、ポン、パン、ポン」と緊張感のないチャイムを鳴らし、口調もゆっくりとしたものでした。市民の聞き取りやすさを考慮した口調だと思いますが、あまり緊迫感が感じられませんでした。しかも津波が湾口防波堤や防潮堤を乗り越えたこと、湾口防波堤が倒壊したことなどを知らせる放送はありませんでした。

写真集の「大震災が遺した一大教訓」と題する一文の中で、次の指摘がなされています。

「警報発令後、防災無線は刻々と入る情報を伝え続けるが、情報を発信する場所が津波の襲来を目撃できる場所と異なるため、実際の状況が住民にはリアルに伝わらず、事の重大性を訴える切迫感を欠いた結果が『警鐘性』を弱めたという被災各地からの報告は、今後の防災対策上、重要な課題となろう」

ポイント 過去の体験や防災施設、警報・注意報などに対する「思い込み」「過信」「甘え」「油断」「慣れ」は絶対に禁物です。

3 大船渡市と陸前高田市の悲劇

高台があったにもかかわらず出した犠牲者

前述の要因が重なり合った結果、悲劇の典型となった地区があります。私たち家族が暮らしていた大船渡市大船渡町の川原地区です。JR大船渡線の線路より山側にあり、1960（昭和35）年のチリ地震津波の時もあまり被害を受けていません。海から500～700メートルほど離れ、海抜も約5メートルと高くなっています。歩けばすぐに高台もあります。

気象庁が大津波警報を出して「3メートルの津波が襲来する」と警告しても、川原地区まで津波が押し寄せて来ると思った人はあまりいなかったはずです。仮に津波が来たとしても、せいぜい床下浸水程度。そう考えた人が多かったと思います。私自身、そうでした。

数少ない例外の一人が、地区内に住む民生委員でした。経験したことがない揺れの強さと長さに、その使命感から「万が一のことがあっては」と思ったのです。地震が収まるとすぐに自宅を出て、駆け出しました。向かった先は一人暮らしの高齢者や高齢者世帯の家々でした。玄関をドンドンと叩いて声をかけ、高台へ避難するように呼びかけて回りました。

途中でその民生委員は、驚くべき光景を目にしました。JR大船渡線脇の白いガードレールに、あろうことか、肘《ひじ》をつき、襲来する津波を見ようと待ち構えるお年寄りたちがいたのです。民生委員は「早く逃げてください！」と、必死でお願いをしました。しかし、お年寄りたちは「逃げる用意はできているから」と、近くに止めてあった車を指差し、動こうとしませんでした。

さらに町内会を回っていた民生委員は国道45号沿いの自宅前で逃げる様子もなく、周囲を見回している高齢の夫婦を見つけました。

「騙《だま》されたと思って、急いで高台に避難してください！」

そう、何度も頼み込みました。

「な〜に、ここまで津波は来ないよ」

それが返ってきた言葉でした。

別の場所では民生委員が一緒に逃げようとつかんだ手を振り払い、家の中に戻った人もいました。あちこちで声をかけている間に津波が背後に迫り来て、民生委員も必死で逃げなければなりませんでした。逃げ延びて初めて、履《は》いていた靴が濡れていることに気づいたと言います。

私たちの地区では、「危ないから行かないで！」という家族や近所の人たちの声を押し切り、川を遡上する津波を見に行った人たちもいました。大船渡町には高さ10メートルを超す大津波

津波で壊れた筆者の自宅。伝統技術を誇る気仙大工が造った家だった。形は残っていたが、1階はほぼ全壊状態。2階にも津波が入った＝2011年3月12日6時38分撮影、大船渡市大船渡町

が押し寄せてきたと言われています。

私たちの川原地区はどうなったか。132世帯中、我が家を含む125世帯が全壊しました。町内会に暮らす約320人のうち、実に27人（うち1人は行方不明）が犠牲となりました。その多くは人生経験が豊富な高齢の人たちでした。私たちの地区は海から割合離れ、近くにはすぐにも逃げられる高台がありのです。それなのに大船渡町内に23ある行政区の中で、最も多くの犠牲者を出してしまったのです。

大船渡市全体では340人が亡くなり、79人が行方不明となっています（2014〈平成26〉年11月30日現在）。

平坦地ゆえの被害の大きさ

震災後、会う人、会う人に言われたものです。

「大船渡もひどいが、高田はもっとひどい」

その意味が私には理解できませんでした。この目で確かめたいと思いましたが、私たち家族は車を2台とも津波で失ってしまい、訪ねることができませんでした。震災から3週間ほどして中古の車が手に入ると、陸前高田市へ向かいました。そして眼前の光景に我が目を疑い、息を呑みました。

国道45号を大船渡から南下すると、道路沿いに店舗や観光・スポーツ施設が建ち並び、左手には高田松原が見えてきます。高田松原は国の名勝で、岩手を代表する海水浴場でもあります。2キロの砂浜に樹齢200年を超す数万本のアカマツが生い茂り、「白砂青松」の言葉通りの海浜でした。

その高田松原が海に沈んで、この世から姿を消し、あれだけあったアカマツも「奇跡の一本松」を残し、なくなっていたのです。その上、国道のすぐ脇までが海となり、路面と海面はスレスレの状況になっていました。高田松原の後背地《こうはいち》につらなる町並みや商店街も、スッポリと消えてしまっていました。残っているものと言えば、数えるほどの鉄筋コンクリート建造物の無惨な姿と建物の基礎だけ。『壊滅』とか『消滅』という言葉は、この陸前高田市を表現するためにあったのではないか、とさえ思いました。陸前高田市の中心地・高田町とその周辺に襲来した津波は、高さが約15メートルあったと言われています。

高田松原そばの国道45号沿いに5階建ての雇用促進住宅がありました。その4階までが完全に破壊され、5階にも損傷が見られました。4階建ての建物を呑み込み、破壊してしまう。それが高さ15メートルの津波です。

陸前高田市に押し寄せた津波は最大で23メートルあった、という話も聞きました。いずれにしても、「津波は水の壁、水の塊になって押し寄せてきた」と陸前高田市民は話しています。

高田町にあった市民体育館は市指定の避難所の一つでした。造りが頑丈で、海から約1・2キロ離れていました。あの日も周辺の市民や体育館職員はもちろん、併設する中央公民館、隣接する市立図書館、市立博物館の職員らを含め、大勢が避難してきました。その避難者数は200人とも、300人とも、350人とも言われています。このうち助かったのは、運良く津波で押し上げられ、天井の梁に摑《つか》まることができた3人だけでした。

陸前高田市役所も高田町内にありました。海から1・5キロほど離れ、旧庁舎（鉄筋コンクリート3階建て）と新庁舎（同・一部4階）がつなぎ合って建てられていました。地震で机やロッカーなどが散乱し、ガラスが割れ、壁にヒビが入るなどし、余震によって建物倒壊の危険が生じたため、市職員らは市役所前の公園に避難しました。公園には近所の市民も集まっていました。

周囲の状況が落ち着きを取り戻し、市職員らが建物の安全を確認しながら徐々に庁舎へ戻り始めたその時、突然、

「津波が防潮堤を越えてきました、高台に避難してください」

という防災行政無線が流れたのです。

市職員や市民は大急ぎで、道路向かいの市役所や隣の市民会館（鉄筋コンクリート3階建て）へ駆け込みました。しかし、どちらの建物も真っ黒な津波に襲われました。市民会館は津波に呑み込まれ、避難した人たちのほとんどが亡くなりました。市役所でも庁舎屋上に逃れた約120人は助かりましたが、大勢の犠牲者が出ました。

陸前高田市は県が平成16（2004）年度に公表した津波浸水予測図をもとに、同18年に地域防災計画の見直しを行い、一次避難所67カ所を指定しました。このうちの38カ所が東日本大震災で被災しました。避難者の点呼《てんこ》を取っている最中に津波が押し寄せてきた避難所もあったといいます。市指定の避難所で亡くなった人たちも少なからずいたのです。

陸前高田市でもチリ地震津波後、各地で堤防が造られました。高田松原には高田町などの後背地を守るために第一線堤、第二線堤と呼ばれる二つの堤防ができました。第二線堤は5・5

メートルもの高さがありました。

あの時、市民も市職員も防災行政無線の放送を聞くまで、大津波が押し寄せてきていることに気づかなかったようです。第二線堤が視界を遮《さえぎ》り、状況を把握できなかったのではないか。そう、指摘する市民もいます。陸前高田市の人口は震災前、約2万4000人でした。あの日の大津波で1556人が亡くなり、207人が行方不明となっています〈2014〈平成26〉年11月30日現在〉。犠牲者は大船渡市の約4倍です。

大船渡市は海と山が迫った、典型的なリアス式海岸の地形をしています。平地と言えば、猫の額ほどの広さしかありません。しかし、陸前高田市は同じ三陸沿岸にありながら、高田町とその両側の気仙町、米崎《よねさき》町には羨ましいほどの平坦地《へいたんち》が広がっています。その広さのゆえに、突然、「津波が堤防を越えた！」と知らされても、逃げるに逃げ切れない人たちもいたかと思います。広い平地が逆に、今回は仇《あだ》となってしまったように思えます。

陸前高田市では海から4キロ離れた竹駒《たけこま》町や、5キロも離れた矢作《やはぎ》町にまで津波は襲いかかりました。竹駒町は内陸部にあり、矢作町はさらに奥まった山間部にあります。ともにかつては金山で栄え、これまで津波とは無縁の地域でした。ところが大津波は河口幅約200メートルの気仙川の本流とその支流を猛烈な勢いで遡上し、山々に囲まれた二つの町まで次々襲い、尊い命を奪い、被害をもたらしました。

「津波は気仙川の本流を8キロ上流まで遡《さかのぼ》った」

そう、陸前高田市民の一人は話しています。

ポイント 巨大地震が起きれば、津波は川を遡上して被害をもたらします。海から離れた内陸や山間の地域も決して、津波と無縁ではいられません。

4 語られなかった悲劇

避難路のあり方をいま問う

私が勤めていた東海新報社では、震災1年後の2012年3月11日に写真集を発刊しました。私も編集メンバーに指名され、取材に当たりました。その取材の過程で陸前高田市民から聞いた話があります。

「信号が止まって道路は渋滞し、道路の両側は車で埋まっていました。センターライン付近には何人もの人たちがいました。そこへ松原方面（海の方）から猛スピードで車がやって来て、人をはねながら山の方へ逃げていったんです。それも一台や二台じゃなかった。あれは悪夢でした……」

その市民が避難していた建物から目撃した光景でした。

同様のケースは大船渡市でも目撃をされています。大船渡市でも、陸前高田市でもあったということは、他の震災地でも起きていた可能性があります。もし、津波に追いかけられながらハンドルを握っているとしたら。しかも助手席や後部座席に妻や子、孫が乗っているとしたら。その時、あなたはどうしますか?

大船渡市の大船渡湾奥部にある工場では地震直後、社員30人ほどが向かいの高台を目指しました。工場から避難する最終グループでした。彼らはすぐ近くのT字路交差点の横断歩道で足止めを食うことになりました。停電で信号機が機能を停止し、避難する車が途切れることなく走っていくため、道路を渡ることができなかったのです。

社員たちは何度も手を上げました。しかし、止まってくれる車は一台もありませんでした。どの運転手も道路脇の人たちの存在を知りながら、目を合わせないようにして走り去っていったというのです。車と車の間がわずかに開いた瞬間、社員が道路に飛び出して車を止め、全員を渡らせました。渡るのが遅れていたら、もしかするとその場で全員が津波に呑み込まれていたかもしれません。

各地の地域防災計画でも、災害時は「徒歩避難」が原則となっています。しかし運転中に大地震が起き、津波警報などの発令を知れば、誰もがそのまま車で逃げます。陸前高田市のように平地が広い場合、津波の襲来を知ってから徒歩で避難を始めたのでは逃げ切れない地域もあります。障害を持つ人や高齢者など、車を必要とする人たちもいます。

震災時には必ず、徒歩で避難する人と車で避難する人が混在することになります。当然のことながら、徒歩の人も、車を運転する人も、津波から逃れるために必死なのです。それが良い悪いではなく、明日はあなたが、あなたの家族が、はねられるかもしれません。はねられるどころか、はねる側に回るかもしれないのです。

自然は、神様は、私たち人間に過酷なまでに辛く、厳しい究極の選択と決断を、瞬時に迫ってきます。それが震災です。それが震災の現実です。震災の悲劇を一つでも減らすため、せめて海の近くや学校のそばには歩道橋や地下歩道を造り、人間と車が立体交差して避難できるよう、道路のあり方を考えてほしいと願います。

究極の選択がもたらした結末

三陸地域には『津波てんでんこ』という言葉があります。『てんでんこ』というのは方言で、「てんでん」「それぞれ」「めいめい」という意味です。

「津波の時はたとえ家族であっても、人のことはかまわず、てんでんに逃げろ！」ということです。幾度となく、家族ごと、集落ごと、津波に流され、大勢が犠牲になった歴史の中から生まれてきた教えです。

こんな話を聞きました。その家族には寝たきりの高齢者がおりました。お世話をしてきた息子さん夫婦の力だけでは、寝たきりの親御さんを移動させることができません。結局、息子さん夫婦は避難所に来ませんでした。また、寝たきりの親御さんから「おまえたちは逃げろ！」と何度も命じられ、親御さんの無事を願い、後ろ髪を引かれる思いで避難した家族もいました。そして、どちらの家にも津波が押し寄せてきました。これも、どちらが良い、悪いという話ではありません。それぞれの親子の思いと願い、心の葛藤《かっとう》を考えると胸が締め付けられます。

「『津波てんでんこ』は自分だけが生き残ってしまったという苦しい思いを解き放ち、『津波の時はてんでんこなんだよ』と慰める言葉ではないのか」

東日本大震災を体験し、そう考えるようになったという人もいました。しかし、その言葉では救われない人もいたのです。身重の奥さんと幼い子供、義理の両親を失った男性がいました。家もなくなりました。一人残された男性は津波で助かった命を自ら絶ち、家族のもとへ旅立っていきました。

こうした家族の悲劇を聞くにつけ、『津波てんでんこ』という言葉にも複雑な思いを抱かずにいられません。震災の地に満ちていたのは、時間が経っても癒せない悲しみであり、苦しみであり、嘆きでした。

ポイント 自然は、私たち人間に過酷なまでに辛く、厳しい究極の選択と決断を、瞬時に迫ってきます。それが震災です。それが震災の現実です。

5 被災しなかった人たちの困窮

ある主婦の手記から

あの日、多くの人たちが避難所に逃げてきました。そして、自宅を失った人たちの避難所生活が始まりました。想像もしなかった長い、長い避難所生活の始まりでした。避難所はそこに避難した人たちが中心となり、運営していきました。避難所の生活は不自由さと将来への不安はあっても、救援物資が次々届き、食べ物や衣類の心配はなくなっていきました。

一方で、震災地では別の深刻な問題が生じていたのです。ある主婦の手記を紹介します。

◇　◇

地区会長さんから「家族の人数を言うと、人数分のパンがもらえるから避難所へ行っておいで」と言われた。家にはもう食べる物がなかったので、急いで行ってみた。

入り口には被災して避難してきたらしい女性が数名いた。家族の人数を言いかけた時、「家はありますか」と尋ねられた。「はい、中はめちゃめちゃですけど……」と答えると、「家がある人は自分で買いに行ってください」と冷たく言われた。

一瞬、何を言われているのか、理解できなかった。その様子を見ていた別の女性が「ちょっと待って」と言い、お菓子を6個くれた。これを食事代わりにしろ、とでもいうのだろうか?

避難所横の入り口では、山のように食料や飲料水が運び込まれていた。この時感じた悲しい現実に、「もう二度と避難所には行かない」と心に決めた。

それからはあらゆる手段を使ってガソリンや灯油を手に入れ、住田町や遠野市へ買い出しに行った。一日に何度もポリ缶やペットボトルを持ち、沢や井戸のある所へ水をくみにも行った。

聞くと、別の避難所では「これは避難所に来たものなんだから」とか「家がある人に救援物資をやることはない」と言われた人もいた。炊き出しや慰問は大きな避難所の人ばかりで、「行っても、『被災者だけだ』と追い返される」とも聞いていた。

家を流された親せきや知り合いを大勢お世話していた家庭も少なからずあった。そこにも救援物資は届かなかったという。

家のある者もまた、震災のその日から、生きるため、家族のために、親せき・知人のため、毎日必死に戦ってきた。


（東海新報社刊　写真集『鎮魂　3・11　平成三陸大津波』より）

◇　◇

家が無事であれば、大船渡市や陸前高田市ではプロパンガスを使っていますので、少なくとも煮炊きはできました。とはいえ、一般の家庭で買い置きしておく食料は数日分、多くても一週間分かと思います。頼みの冷蔵庫や冷凍庫も停電で使えなくなりました。親戚や友人・知人を受け入れた家も多くありました。震災直後、自宅にあった食料や毛布、衣類、ストーブなどを避難所に提供した家庭もありました。結果として、そうした家々では食料や日用品が底をつくことになったのです。

しかし、中心商店街や地域の商店が壊滅し、近くに店はありません。大船渡市の郊外や岩手県の内陸部へ買い出しに行こうにも、車を動かすガソリンが手に入りません。ガソリンスタンドが陸前高田市では壊滅し、大船渡市でも多くが被災していました。震災地へのガソリン補給はしばらく行われませんでした。

鉄道もバスも津波の被害に遭って運行されず、移動手段を断たれた高齢者もおりました。その上、近くの金融機関は壊滅状態で、現金を引き出すこともできませんでした。結局、家が残った人たちも生きるため、避難所へ救援物資を分けてもらいに行かざるを得なくなったのです。しかし、その結果は前述の主婦の手記にある通りでした。

手記にもありましたが、自宅が被災した人たちを受け入れ、お世話した家庭には行政から何の支援もありませんでした。そうした家庭の主婦は当時を振り返り、こう話してくれました。

「お米がなくなりかけていました。この後、どうやってご飯を食べていけばいいのか。そう思うと不安で、不安でなりませんでした。東京で暮らす姉に電話をかけ、泣きながら助けを求めました」

この主婦には当時、2歳の子供がいたのです。


「申し訳ありません。家も、家族も無事でした」


震災後、顔見知りの人に会った時、私は「ご自宅は大丈夫でしたか?」と聞いてみました。万が一のことを考え、家族のことを聞くのが憚《はばか》られたからです。するとその人は、

「申し訳ありません。私たちは家も、家族も無事でした」

そう、口にしたのです。冒頭の言葉に、私は強い衝撃を受け、

「なぜ、『申し訳ありません』と言うのですか。家族も、自宅も無事で良かったじゃないですか?」

と重ねて尋ねました。すると、その人はこう答えたのです。

「震災からいくら時間が経過しても、『申し訳ありません』と前置きしなければいけない雰囲気が、地域の中にはあるんです」

その話を聞き、辛く、悲しい気持ちになりました。同じように前置きする人が他にもおりました。被災しなかった人たちの中には、〝変な負い目〟を持つ人が少なからずいたのです。

話を元に戻します。自宅が被害に遭わなかった人たちは訪ねた避難所で不愉快な思いをし、また〝変な負い目〟を持つことで、避難所へ食料や日用品をもらいに行くことができなくなりました。トイレットペーパーを使い切り、昔ながらに新聞紙を切って代用した家庭もありました。女性たちにとっては生理用品の入手が深刻な問題の一つだったと言います。

家が残っても、街は壊滅し、買い物に行くことができなかったのです。家が残っても、働く場を失った人たちもいたのです。中には家が残っても、家族を失った人たちさえいたかもしれないのです。家が残ったか、残らなかったか。その差は確かに大きいものがあります。しかし、これだけ被害が大きくなると、少なくとも震災直後は震災の地に暮らす誰もが〝被災者〟では

なかったかと思います。

避難所の対応は地域によっても異なりました。昔からまとまりの強い地域では、避難所に届いた救援物資を自宅が残った家庭にも分けて回りました。被害に遭ったか否かを問わず全ての家族が避難所に集まり、救援物資を分け合って共同生活を送った地域もあります。ある避難所ではボランティア活動をしてくれた家庭に救援物資を分けたそうです。しかし、全く分けなかった避難所も少なからずあったのです。

救援物資は確かに、被災した人たちのための物かもしれません。加えて、地域にはそれぞれの事情があったかもしれません。それでも、「もし自分がその立場だったら」と考えれば、選択の幅は広がったのではないかと思わずにいられないのも事実です。このことに関して行政は気づかなかったのか、気がついても対応できなかったのか、それは分かりません。

震災地にガソリンが補給され、営業を再開するスタンドが増えて、一般車両にも給油が行われるようになるまで、自宅で過ごした人たちの苦難は少なくとも2週間は続きました。救援物資の分配をめぐっては、他市や他県でも同様の問題が起きました。その結果、亀裂が生じたコミュニティも出てきています。

ポイント 大震災が起こると商店街を含む地域全体に大きな被害が出て、食料や日用品、ガソリンなどが手に入らなくなります。少なくとも震災直後は震災の地に暮らす人たちの誰もが〝被災者〟だったと思います。

6 かかりつけ医を失った患者たち

東日本大震災では地域の医療機関が大きな打撃を受けました。陸前高田市内では病院・医院・診療所11施設のうち、県立高田病院を含む10施設が壊滅的な被害に遭いました。大船渡市内でも同じく25施設のうち、民間の医院・診療所を中心に14施設が被災しました。歯科診療所も陸前高田市で9施設全て、大船渡市では18施設のうち13施設が被災してしまいました。

医師2人が死亡し、1人が行方不明、歯科医師も2人が亡くなりました。多くの医療機関が被災して診療不能に陥った結果、大勢の患者が「かかりつけ医」を失うことになったのです。

中には、薬を持ち出す余裕もなく逃げた人たちがいました。すぐに帰宅できると考え、薬を持たずに逃げた人たちもいました。被災はしなかったものの、薬が残り少なくなった人たちもいたのです。こうした人たちは通院したことのない、被災を免れた医療機関を訪ね、診察を受けた上で薬をもらわなければなりませんでした。診察を受けると患者は必ず、医師に聞かれました。

「何という薬を飲んでいましたか?」

「成分は何ミリグラムと書いてありましたか?」

聞かれても、答えられる人はそうそうおりません。患者には高齢者も多く、答えを期待する方が無理な話でした。効き目の弱い薬を出せば、病気を悪化させかねません。逆に効き目の強い薬を出せば薬が効きすぎ、場合によっては副作用を引き起こすかもしれません。聞かれた患者も、聞いた側の医師も、双方が困ってしまったのです。

私の「かかりつけ医」も被災しました。私は高血圧症で、薬を毎朝飲まなければなりません。薬はあの時も家に置いたままでした。自宅が被災し、震災翌日から飲む薬がなくなってしまいました。

私は薬の名前や成分量を完全には覚えていませんでした。しかし、私が幸運だったのは、調剤薬局からもらった薬の説明書が財布に入っていたことでした。生命保険の手続きに使った後、財布に戻したままになっていたのです。説明書のおかげで、私は初めてかかった開業医から何の問題もなく、同じ薬か同じ効き目の薬をもらうことができました。

薬を服用している人は調剤薬局が出す「お薬手帳」や薬の説明書、あるいは自身のメモ書きでもいいので、常に肌身離さず持ち歩く習慣を付けていただきたいものです。家族に薬を服用している人がいれば、同様にメモ書き程度でよいので、家族全員で情報を共有することをお勧めします。

震災からほどなくして被災した医療機関が仮設診療所を開設したり、施設を復旧させて診療を再開したため、患者たちも徐々にかかりつけ医へ戻っていきました。ところが、戻った先でも改善されない問題がありました。患者がもらえる薬は「3日分」だけだったのです。そういう時期がしばらく続くことになりました。

震災で被災したのは医療機関だけではありません。医療機関のそばには、医療機関の処方箋に基づいて薬を出す調剤薬局があります。その調剤薬局もまた、大船渡市では20施設のうち10施設、陸前高田市では9施設の全てが被災したのです。しかも震災当初は薬の補給体制が整わず、地域における薬の備蓄量は減る一方でした。

大船渡市盛町にある開業医の元には、同市三陸町から通う患者がいました。その患者は通常であれば、三陸鉄道南リアス線で乗車駅から盛駅まで30分もかからずに着きます。しかし、南リアス線は震災で運行不能となり、バスの運行もありませんでした。

「患者さんは山道を歩き、半日がかりで来ました。その患者さんにも7日分の薬しか出してあげられなかった」

開業医は苦しい胸の内を、そう語ったものです。

非常時における医薬品の早急な補給体制の確立も、平時から考えておくべき大きな課題の一つです。医療体制や医薬品の補給体制が改善するまで、患者たちも医療関係者も苦難の時期を耐えなければなりませんでした。


震災から1年半にわたり国が全額負担して、被災した人たちの医療費の窓口負担を免除してくれました。そのおかげで被災した人たちは安心して医療を受けることができました。その後も国民健康保険（国保）の場合、国が２０１２（平成24）年10月に負担を8割に変更し、自治体が2割を負担することで窓口負担の免除が継続されました。

宮城県では県が2割を負担してきましたが、財政難を理由に２０１３年3月で医療費の免除を打ち切りました。しかし被災した人たちからの再開要望は強く、県内の全35市町村が14年4月から、住宅の被害規模が大規模半壊以上などで住民税非課税の世帯に限定して医療費免除を再開しました。

福島県では原発事故の避難区域で国の全額負担が続いています。その他の地域では国保の場合、3市町で県と市町が1割ずつを支援する形で医療費が免除されています。

岩手県内では国の負担割合の変更に伴い、全33市町村で県と市町村が1割ずつを負担し、対象を限定せずに被災した国保加入者の窓口負担を免除してきています。市町村の要望もあり、2015年も免除が継続されることになりました。被災した国保加入者は岩手県と各市町村に心から感謝しています。

ポイント 薬を服用している人は「お薬手帳」や薬の説明書など肌身離さず持ち歩く習慣を付けてください。家族に薬を服用している人がいれば、メモ書き程度でよいので情報を共有してください。

7 箪笥貯金と名画

震災から数カ月経って知り合いから聞いた話です。震災の翌朝から毎日、自宅が津波で流されたと思われる周辺を、必死の形相で何かを探す婦人がいたと言います。なんでも、婦人は長年にわたり箪笥《たんす》預金をしていたとか。貯めていた金額が私たち庶民の想像を超えるケタでした。その額を聞けば、私だって必死になります。しかし、いくら懸命に探しても、お札一枚、見つからなかったというのです。本当の話かどうか、分かりません。世の習いで尾鰭《おひれ》がついていたかもしれません。

今度は本当の話です。一人暮らしの高齢の婦人から私自身が、直接聞いた正真正銘《しょうしんしょうめい》の真実です。

この婦人、世界的に著名な棟方志功さんや平山郁夫さんの絵画、ピカソの陶器を自宅1階の居間に置いていたというのです。ご主人（故人）が十数年前、

「老後、生活に困ったら売りなさい」

そう言い遺して逝かれた思い出の品々でした。それらも全て、自宅ごと、津波で流されてしまいました。残念ながら、1点も見つかりませんでした。

確かに金利は低く、わずかな利子にまで課税される時代です。人知れず箪笥預金をしておきたくなる気持ちが分からないではありません。また、素晴らしい作品を身近に置き、ご主人を思い出しながら眺めていたい。その気持ちも分かります。

しかし、多額の現金や貴重品を自宅に置くのは防犯面だけでなく、防災面からも考えものです。私は金融機関の〝回し者〟ではありませんが、万が一に備え、やはり、預貯金口座や貸金庫を利用されることをお勧めします。

その金融機関についてですが、こんな話も聞きました。私の友人一家が津波で通帳を失い、

再発行を申請しました。友人の奥さんは震災の数年前に病気で視力を失っていました。その奥さんが申請書類に「自署」を求められたというのです。

目が見えない人にとって、いくら自分の名前とはいえ、書類のどのスペースに書けばよいのか、なかなか見当がつきません。しかも名前を書く枠はとても小さかったそうです。自署を求めたのは一家をよく知る人でした。友人が「代筆はだめですか？」とお願いしてみたのですが、認めてはもらえませんでした。

「震災後、自署申請の書類が多くて、目の不自由な人たちは本当に困った」

友人はそう、話しています。

ポイント 多額の現金や貴重品は防災面からも自宅に保管するのではなく、金融機関の預貯金口座や貸金庫を利用されることをお勧めします。失ってからでは間に合いません。

8 政治、法律、行政は誰のために

個人情報保護が投げかけた問題

「政治は、法律は、そして行政は一体、誰のため、何のためにあるのだろうか」

私たちは何度、そう問いかけてきたでしょうか。仮設住宅団地（仮設団地）をめぐる問題もその一つです。仮設住宅は国や自治体が災害救助法に基づいて建設し、被災者に無料で貸与するものです。

震災から約1カ月後の4月20日、大船渡町内の高台に大船渡市内では初の仮設団地ができました。世帯数は72戸、入居者は２０７人でした。高齢者や障害者、その家族が入居する、いわば災害弱者を優先した団地です。その点、行政の配慮は評価すべきものだと思います。

ただ、災害弱者を優先するため、大船渡町をはじめ大船渡市内の四つの町から名前も顔も知らない人たちが入居することになりました。高齢者の単身世帯もあれば、高齢者夫婦の世帯もありました。家族全員が障害を持つ一家もおりました。５月下旬に入居する人たちが自治会を発足させ、６月から活動を始めました。

「見ず知らずの入居者が少しでも心の休まる団地にしたい」

選ばれた自治会長は、そう思いました。

「この団地から孤独死や容態の急変、火災による震災後の二次犠牲者を出したくない。高齢者や障害を持つ人たちに細かく目配りしていくため、入居者の状況を把握しておく必要がある」

そう考えた自治会長は自分の思いを市役所に伝え、入居者に関する情報の提供をお願いしました。しかし、市から返ってきた答えは「個人情報なので出せません」、その一言でした。

仕方なく自治会の役員たちで仮設住宅を一軒一軒、回ることにしました。事情を説明して理解を得ながら、見守りに必要な情報を収集していきました。まとめるのに1カ月半もかかりました。「この間に何かあったら」。そう考えると、自治会長は気が気でなかったと言います。

県外に住む人が親戚や知人の暮らす仮設団地を訪ねたいと思い、市役所に問い合わせをしました。返事はやはり、「個人情報なので教えられません」というものでした。

個人情報をめぐる問題は行政と市民の間だけではありません。

家を失った被災者の中には私同様、「みなし仮設」で暮らしている人たちがいます。みなし仮設は仮設住宅に準じたもので、被災した人たちが暮らす民間や公営の賃貸住宅を国や地方自治体が借り上げ、家賃を支払ってくれるものです。岩手県の場合、みなし仮設の入居契約は県と入居者、物件所有者の3者で結ばれています。県内には震災当初、約5000世帯のみなし仮設がありました。

みなし仮設で生活する人たちには、仮設住宅に届く民間の支援が一切、ありませんでした。市町村が流す情報やアンケートさえ、初めのうちは届きませんでした。

2011（平成23）年12月4日付の『避難者の冬　寒さと孤独から守れ』と題する毎日新聞の社説を読み、理由が分かりました。

「自宅からの避難を余儀なくされたのは、『みなし仮設』の住民も同じだ。だが、暖房器具などの配布はなく、生活に関する情報も入ってこない、と不公平感が高まっている。岩手県では『みなし仮設』に入居した人の住所を『個人情報』との理由で、元々住んでいた市町村に伝えていなかった。行政が情報の蛇口を閉めていたに等しい。今後改めるというが、あきれた話だ」（一部抜粋）

県と市町村という行政の間でさえ、被災者を支援する情報が共有されていなかったのです。こうしたことの原因となっているのが、2005年に施行された「個人情報保護法」です。都道府県も市町村も、この法律に基づいて個人情報保護条例を制定しています。法律と条例によって行政だけでなく、民間も、その本人が特定される情報は全て、保護されるべき情報となっています。もちろん、氏名や住所は個人情報に当たります。

個人情報保護法は本来、個人の権利や利益を守るための法律のはずです。しかし、その法律によって逆に被災した人たちが不利益を被り、被災した人たちの命を守る体制が即座に作れない要因となっていたのです。法律によって守るべきは人間なのでしょうか。それとも、法律それ自体なのでしょうか。そう、問いかけずにはいられませんでした。

個人情報と災害の関係でいえば、国は2013年6月に災害対策基本法を改正し、自力での避難が困難な高齢者や障害者らの名簿の作成を市町村に義務づけました。東日本大震災を教訓とした新たな動きです。改正は一歩前進と評価したいと思います。しかし、問題は市町村が作った名簿を震災時はもとより、その後の避難生活の中で、いかに活用して人々の命を守っていくかということです。

自主防災組織の立ち上げとその取り組み

話をもう一度、仮設団地に戻します。どこの仮設団地もそうですが、一番心配されるのが火事です。仮設住宅は密集して建っており、火事が起きると燃え広がる危険があります。仮設団地の基本的な備えとして各世帯に小さな消火器が1本ずつ配置され、それよりも大きな消火器が各棟の屋外にも備え付けられています。

大船渡市で最初にできた仮設団地では自治会に加え、震災が起きた2011年の9月に自主防災組織も立ち上げました。活動の一環として11月には社会福祉協議会などから担架やリヤカー、車イスなどを借り受け、火災を想定した避難誘導訓練を行いました。

訓練を通じて幾つもの問題点が浮かび上がってきました。▽若い入居者が少なく、老老介護ならぬ、老老避難を余儀なくされる▽棟によっては高齢の女性が多く、担架を運ぶ人手が足りない▽団地の通路幅は担架を運ぶのがやっとで、担架が曲がりきれない角もある▽玄関にスロープが設置されていると、棟と棟の間が狭くなりリヤカーが出入りできない▽火災発生を団地内にいち早く知らせる手段がない——などです。

自主防災組織の人たちは訓練の様子を撮影したビデオも添えて大船渡市と岩手県に、火災発生時に必要な担架やリヤカー、拡声器などの避難用具と機材の提供、仮設団地の改善を要望しました。市に要望した際には、「火事を起こさないようにしてください。それが一番ですから」という答えが返ってきたと言います。

「あの回答を聞いた時は唖然《あぜん》としました。火事はいつ起きるか分からず、冷や冷やしながら毎日を送っています」

私が2011（平成23）年12月に取材のため訪れた時、当時の自主防災組織の会長はそう、漏らしたものです。

この仮設団地に市から希望する防災資機材に関するアンケートが届いたのは、要望して1年ほど経った2012年10月のことでした。5セットの中から1セットを選ぶように指示があり、この仮設団地では「折りたたみリヤカー」1台と「四つ折伸縮担架」2台の組み合わせを選びました。リヤカーと担架が入っているセットが、これしかなかったからです。実際に現物が届いたのは、さらに5カ月後の13年3月のことでした。要望から実に、1年4カ月もの歳月が過ぎていました。

この防災資機材の提供は自主防災組織が対象でした。しかし、全ての仮設団地に自主防災組織が設立されたわけではありません。自主防災組織のない別の仮設団地では市から「組み立て式リヤカー」と「ハンドマイク」「救急箱」が支給されました。その仮設団地内には仮設住宅が強風で飛ばされないよう、建物から各棟の通路にワイヤーが張られていました。このワイヤーが邪魔をして、支給されたリヤカーが通路を通れないと言います。

大震災を生き延びた人たちが二次災害で命を失うことのないよう、行政は火災時の減災まで考えて仮設団地を造り、できた仮設団地の実情をきちんと把握して避難用の資機材を提供してほしいと願います。

ポイント 法律によって守るべきは人間なのでしょうか。それとも、法律それ自体なのでしょうか。個人情報保護法は東日本大震災でさまざまな問題を投げかけました。

9 教訓が生かされない仮設住宅

やることなすことが後手

一般的な仮設住宅はプレハブの棟割り長屋型の建物で、1棟に複数の世帯が暮らします。早いところでは震災から1カ月ほどで完成し、その後次々と建っていきました。避難所で共同生活を送ってきた人たちはようやく仮設住宅という落ち着き先を確保し、ホッと胸を撫《な》で下ろしました。ところがすぐさま、想定外の事態に遭遇します。

「仮設住宅では隣の家族のオナラの音まで聞こえる」

というのです。

仮設住宅は世帯ごとに仕切られているとはいえ、仕切っているのは薄いパネル1枚です。プライバシーが保たれているとは、とても言いがたい状況でした。雨が降れば雨漏りがし、風が吹けば風が吹き込む。さらには蟻《あり》まで部屋に侵入してきました。入居者は隙間という隙間をテープで目張りし、自己防衛しなければなりませんでした。そのような仮設住宅も少なからずあったのです。

夏や冬の到来も、行政には〝想定外〟だったのでしょうか。仮設住宅には当初、網戸も付けられず、外壁もパネル1枚だけでした。

「これでどうやって、暑い夏と寒い冬を乗り切ればいいのか」

入居者からは不安と不満の声が上がりました。数カ月後に工事のやり直しが行われ、網戸が取り付けられ、外壁も断熱材を入れた二重パネルになりました。外壁を二重にしたのはいいのですが、冬が近づくにつれ、仮設住宅の床下を冷たい風が吹き抜け、部屋の温度を下げていきました。

お風呂のお湯は冷めやすく、人数の多い家族は大急ぎで入らなければなりませんでした。最後の人はぬるめのお湯に入ったと言います。ぬるくなったからといって、沸かし直すことができません。仮設住宅の湯沸かし器には追い炊き機能が付いていなかったのです。

仮設住宅は全て、追い炊き機能のない湯沸かし器になるはずでした。ところが在庫不足から、仮設住宅の一部に追い炊き機能付きが取り付けられてしまいました。そのことを知った他の入居者から、「不公平だ」「うちも追い炊き機能付きにしてほしい」との声が上がりました。結局、希望する全ての世帯で追い炊き機能付きに交換されました。

取り替えに1台当たり20万円以上かかったそうです。交換された数は一体、どれほどになるのでしょうか。しかも、取り外された湯沸かし器は再活用されず、廃棄処分にされたと聞きました。結局、やることなすことが後手に回り、追加工事や交換工事によって余分な経費がかかってしまいました。

仮設住宅では凍結防止の水抜き栓が屋外に取り付けられています。

「せっかくお風呂に入って温まったのに、水を抜くためにいちいち寒い外に出て行かなければならない。なぜ、水抜き栓を屋内に付けてくれなかったのだろうか」

これも入居者の率直な思いです。敷設工事が寒冷地仕様ではなかったのでしょうか、冬場には水道管が凍った仮設住宅もありました。

仮設住宅は1DK～3DKの間取りになっています。ありがたいことに、エアコンが取り付けられています。ただ、部屋数がいくらあっても、エアコンが取り付けられているのは1部屋だけです。パネルで仕切られた他の部屋には冷気も、暖気も届きません。1台のエアコンを有効活用するため、仕切りをアコーディオンカーテンにするなどの工夫があってもよかったのでは、と思います。

教訓はなぜ生かされないのか

「孤独死を防ぐためにも仮設住宅は向かい合わせに建てる。それが阪神・淡路大震災の教訓だったのでは……」

そう、ある大船渡市民は指摘します。玄関を向かい合わせにして建てることでお互いの顔が見え、会話も生まれ、孤独死を防げる。不審人物の出入りもチェックできる。過去の震災の教訓として、そう言われていたはずです。しかし、大船渡市に建てられた大半の仮設住宅は、どの棟も同じ方向を向いています。前の家の洗濯物は見えても、会話は生まれません。報道されてはいませんが、大船渡市内の仮設住宅でも孤独死は現実に起きていると聞きました。

「仮設住宅を同じ向きに建てれば、一棟ごとに水道や下水道の配管をしなければならない。玄関を向かい合わせにすれば、棟と棟の間に通す水道管も下水道管も1本ずつですみ、枝管で各世帯とつなげば建設コストも下げられるはず」

先ほどの市民は、そうも話していました。

ポイント 仮設住宅はただ建てるだけでなく、これまでの震災の教訓や入居した人たちの声を生かし、改良・改善を加えてほしいと願います。

10 障害者専用の仮設住宅とは

車イス利用者を想定した造り?

大船渡市内には震災の年の2011(平成23)年7月、障害者専用のスロープ付き仮設住宅団地が1棟(5戸)ずつ、2カ所にできました。

間取りは全て同じ2DKです。玄関を入ると右側に台所、左側に浴室があり、その先には奥に部屋が二つ続いています。完成と同時に障害を持つ人やその家族が入居し、満杯となりました。他市からの入居者もいました。

障害者対応とあって台所の流しは車イスの入居者に配慮し、一般の仮設住宅よりも低く取り付けられています。それはいいのですが、玄関や台所は狭く、車イスで動き回るには厳しいものがあります。全ての部屋にはカーペットが敷かれています。これも床が冷たくないように、部屋が寒くないように、という入居者への配慮だと思います。ところが、カーペットを敷いたふかふかの床は車イスが動きにくく、脚の不自由な人にも歩きづらいのです。

この仮設住宅に入居する人は車イスを利用する人ばかりではありません。その家族もいれば、脚以外の障害や病いを持つ人もいます。低く取り付けた流しは車イスの人には良くても、車イス以外の人には低過ぎます。立って料理を作っていると腰が痛くなります。低いだけでなく、流しは小さくて使いづらそうです。流しの下は空洞で、鍋釜を置くスペースもありません。

防火への配慮なのでしょう、ガスコンロではなく、電気を使ったＩＨクッキングヒーター（２口型）が備え付けられています。ところがＩＨと電子レンジ、あるいはＩＨと魚焼き器を同時に使うとブレーカーが落ちてしまうのです。エアコンを使っている時も、他の電気機器を使うことはできないと言います。

それらはまだいい方かもしれません。障害者専用という、この仮設住宅に大きな問題があります。浴室の入り口が床から25センチも高くなっているのです。入り口の脇に手すりが1本ついてはいますが、25センチという段差は脚の不自由な人には越えることがとても厳しいものです。

浴室のドアを開けると、今度は浴室の床と浴槽の段差が50センチもあります。こうした段差だけが問題なのではありません。浴室の床が滑りやすいのです。

改善を求める訴えに、

「浴室ははめ込み式になっているので直すことができません」

それが行政サイドの答えでした。浴室の入り口の段差解消のため、スロープ状の台が支給されましたが、この台も滑りやすかったと言います。

県からは2013(平成25)年初め、仮設団地内の談話室を改造し、段差のない浴室を設置する案が示されました。談話室では入居者が毎日集まってお茶を飲み、話をして心を癒し合っていました。仮設団地の運営支援員も常駐し、親身になって入居者の支援をしていました。談話室を浴室に改造するということは入居者の集う場所がなくなり、運営支援員のいる場所もなくなるということです。また、共同浴室の掃除や管理をどうするのかという問題も出てきます。「お風呂より、談話室があった方がいい」。入居者らはそう、決めました。

「我が家」と言えるほどの住宅に

自宅が完成するまでの1年半、自分が暮らす仮設住宅のお風呂には一度も入浴できず、週2回のデイサービスを利用していた入居者がいました。親族の家に車で連れて行ってもらい、そこでお風呂に入ったという入居者もいました。そうした状況にあっても、入居者は「造りがしっかりしているので冬でも暖かく、外の騒音も気にならない。この仮設住宅に入居できてありがたい」と話しています。

外付けのスロープや台所の流しを見る限り、車イスの人を考えた造りと言えます。しかし、浴室や室内のカーペットなどを見ると、車イスの人の入居を想定しているとは到底、思えません。

この仮設住宅は一体、どのような障害の人を想定しているのでしょうか。誰のための、何のための専用仮設なのでしょうか。いくら仮設であっても、そこで暮らす人たちにとっては「我が家」なのです。障害者専用、障害者対応の仮設住宅を造るのであれば、造る前にまず、障害を持つ人たちから意見を聞くべきです。自分や自分の家族が入居したら、とも想定してみるべきです。

その後各地の仮設団地には段差のない浴室を備えた集会施設が造られていきました。ある仮設団地で聞いてみると、「自分の仮設住宅のお風呂に入るので、集会施設の浴室を利用する人はいない」ということでした。

阪神・淡路の時も障害者や高齢者に配慮した「福祉仮設住宅」が造られました。その時入居した人たちはさまざまな思いをしたはずです。そうした思いが東日本大震災の震災地にどう生かされているのでしょうか。

ポイント 障害者専用、障害者対応の仮設住宅が造られたことは評価されます。しかし造るのであれば障害を持つ人たちから意見を聞き、入居者がより暮らしやすい設計にすべきです。

11 線路のない踏切と一旦停止

震災から間もなく1年になろうとする2012（平成24）年2月17日、地元紙『東海新報』に突然、

『踏切での一旦停止　被災地でも道交法順守を』

という見出しの記事が掲載されました。

その記事を引用します。

◇　　◇

今回の大津波によって大船渡、陸前高田両市にある線路も大きな被害を受けた。JR大船渡線、三陸鉄道南リアス線が運行していないことから、中には踏切で一旦停止をしない車も見受けられる。道路交通法では、一旦停止することが義務づけられており、注意が必要だ。

「列車が走らず、鉄路が外されても、踏切では一旦停止しなくてはならないのか」と戸惑っているドライバーも少なくない。中には一旦停止せずそのまま通過したり、「ルールだ

から」と、これまで通り一旦停止する人も多い。

道路交通法第33条1項によると、『車両等は、踏切を通過しようとするときは、踏切の直前（道路標識等による停止線が設けられているときは、その停止線の直前）で停止し、かつ、安全であることを確認した後でなければ進行してはならない』と定められている。

道交法では、震災津波で踏切が機能を果たさなくなることについては〝想定〟しておらず、現行法律上、同項は有効。（以下略）

◇　◇

警察のコメントは載っていませんが、道路交通法云々《うんぬん》という部分が警察の見解なのでしょう。

実は、この記事が掲載される前に、

「線路のない踏切で一旦停止しなかったドライバーが警察につかまった」

という噂が地域や新聞社内で流れました。実際にドライバーが検挙されたか否か、それは分かりません。しかし、そうした噂やドライバーの戸惑いに応えるために、この記事が書かれたことは間違いありません。

路線が廃止された訳ではなく、法律上はどの路線も存在しています。道交法も踏切での一旦停止を規定しています。だから列車が往来しなくても、鉄路が取り外されてなくなっていても、踏切では必ず、一旦停止をしてください。そういうことのようです。

確かに、踏切で一旦停止する車としない車がいると、追突事故などの不測の事態が起きないとも限りません。とはいえ、違和感は拭いきれません。講演に招かれた際、この線路のない踏切での一旦停止の話をしたことがあります。多くの人が驚かれました。

「皆さんが車で被災地を訪ねる時は、列車が来ないと分かっていても、線路がなくなっていても、踏切では必ず、一旦停止してください！」

講演で私も、そう呼びかけたものです。これもまた、震災の地の現実でした。

ポイント 路線が廃止されていない限り、列車が来なくても、レールが取り外されていても、踏切があれば一旦停止が必要です。震災の地にボランティア活動に入る時は注意を。

第二章

防災、減災の課題

1　地震が起きたら素早く逃げる

備えあっても憂いあり

先人は『備えあれば憂いなし』との言葉を残しました。大船渡市の場合、大船渡湾に湾口防波堤が、海沿いには堤防が、河口には水門も造られました。南隣の陸前高田市でも沿岸に堤防が整備され、高田松原には二重の堤防まで築かれていました。

北隣の釜石市では国が約30年の歳月と１２００億円もの費用を投じて２００８（平成20）年、釜石湾に湾口防波堤を完成させました。全国の湾口防波堤で初めて耐震設計も採用されました。北堤が９９０メートル、南堤が６７０メートルの長さを誇り、最大水深の63メートルはギネスにも載ったほどです。

さらに北へ行くと、巨大な防潮堤で有名な宮古市の田老《たろう》地区があります。

「明治29年と昭和8年の大津波被害を契機に、田老町（現在の宮古市田老地区）では、『万里《ばんり》の長城《ちょうじょう》』と呼ばれる長大な防潮堤が全国に先駆けて町を取り囲むように建設され、昭和33年3月に完成をみました。

防潮堤は海面から10・45メートルの高さで、総延長が約1350メートルに及び、二重三重に整備された消波堤や防波堤が悲惨な歴史を繰り返すことのないよう、人々が穏やかに生活できるように見守っています」

国土交通省のホームページはそう、紹介していました。津波から人々を、そして地域を守るため、沿岸部では防潮堤や防波堤が整備されてきたのです。

「30年以内に90%以上の確率で宮城県沖地震が起こる」

三陸地域では近年、そう言われ続けてきました。ところが襲ってきたのは、宮城県沖地震の想定をはるかに超える巨大地震と空前絶後の大津波でした。自然は人間の備えなど、いとも簡単に蹴散《けち》らしてみせました。湾口防波堤も、防潮堤も、水門も結局、人々の命と財産を守ることはできませんでした。

岩手県内で講演をさせていただいた折、講演終了後にある専門家からご教示いただいたことがあります。

「防潮堤や防波堤が津波を防ぐと考えるのは間違いです。防潮堤も防波堤も、その機能は津波が浸水してくる時間を遅らせるだけでしかないのです」

まさに、その通りだったように思います。

我が家でも食料や水、衣類、ガスコンロなどの防災用品を母屋から数メートル離れた倉庫に備蓄してきました。食料と水は毎年入れ替え、衣類は夏用と冬用まで用意して万全を期していました。その防災用品も倉庫ごと、津波でどこかへ流されてしまい、全く役に立ちませんでした。高台の親戚にも分散備蓄しておくべきでした。

『備えあれば憂いなし』と言いますが、今回の震災で学んだのは『備えあっても憂いあり』ということでした。だからといって、「備えをしなくてもいい」ということではありません。やはり、「最低限の備え」はしておくべきです。ただ、人知や人力を超える自然に畏怖《いふ》と畏敬《いけい》の念を持ち、「万全な備え」などないことを肝に銘《めい》じること。それが何よりも大切なのではないか、と思います。

震災対応を変えた企業も

私たちは東日本大震災で多くのことを学びました。その中で得た大きな教訓は、「どんな備えがあろうと、地震が起きたら素早く、安全な高台などに逃げる!」ということです。

今回の震災では地震発生後、家族を心配して仕事先や外出先から自宅に戻ったり、子どもたちを学校や保育園、幼稚園へ迎えに行った人たちがいました。会社や仕事、同僚のことを心配し、勤務先へ戻ろうとした人たちもいました。大船渡町内を湾岸と平行して走る国道45号も、そうした人たちの車で混雑していました。そこに海側から山側へ避難する車が加わった上、地震に伴う停電で信号機の機能も停止し、周辺の道路は大渋滞となりました。

海からの距離や海抜、過去の事例から考えて、国道45号にまで津波が押し寄せてくるなどという発想が、大船渡市に暮らす人たちにはありませんでした。車が動き出すのを待っていた人たちは、視界を国道沿いの建物で遮られていました。襲来する津波に気づいた時には車ごと呑み込まれ、尊い命を失うことになったのです。

震災後、民間の住宅に仮住まいしていた一家を訪ね、取材しました。その一家の自宅は全壊しましたが、家族は無事でした。

「地震が起きたら、子どもは学校や保育園、幼稚園に、会社に勤める家族は職場にお任せをする。家にいる家族は高台へ逃げる。外出中の場合はそれぞれがその場から高台へ逃げる」

震災後、家族全員でそう決めました。

しかし、逃げるといっても、闇雲《やみくも》に逃げるのは危険です。いざという時に気が動転してしまい、どこをどう逃げればよいのか分からなくなることがあります。実際にそういう人がいて、危うく難を逃れました。その人は避難訓練に参加していませんでした。避難訓練に参加していれば、深夜に地震が起きたとしても、最善で最短の避難路が分かるようになるはずです。判断の遅れや誤った避難ルートの選択が、結果として命を落とすことにつながりかねません。避難訓練にはぜひ、参加してみてください。

私たちは震災を通じて、「ともかく、逃げる！」という教訓を得ました。しかし、被災した企業の中には今回の教訓を元に、それとは違った対応を打ち出したところもあります。

大船渡市盛町で食品生産加工を行っている企業があります。本社と本社工場は海から約2キロ、川から約330メートル離れていました。

地震発生とともに、本社と本社工場に勤務する社員400人が屋外に避難しました。待機状態にあった時、同社役員に社員から「宮古市に10メートルの津波襲来」との情報がもたらされました。急きょ、1キロ先の高台にある避難所への移動指示が出され、社員たちは大急ぎで避難をしました。その避難の途中に津波が押し寄せてきて、危うく呑み込まれそうになった社員もいたのです。

子どもが自宅にいるという女子社員には、求めに応じて帰宅許可を出しました。その後、女性社員との連絡がつかなくなりました。親子の無事が確認できたのは4日後のことでした。本社では事務所と工場が大被害に遭いましたが、一人の犠牲者も出ませんでした。

同社は陸前高田市にも工場があります。地震が収まった後、従業員10人が家族の身を案じ、高台の工場から平地にある自宅へ戻っていきました。そして、帰らぬ人となりました。その誰もが工場にいれば助かった人たちでした。

この教訓を踏まえ、同社では、

「地震が起きて津波注意報や警報が出た場合、社員は絶対に会社から帰さない」

そう、決めました。本社では社屋の3階と4階を避難所とし、食料や毛布などの防災用品も配備しました。同様の選択をする企業が他にも出てきています。それもまた、社員の大切な命を守るため、企業としての一つの見識なのかと思います。

ポイント 地震が起きたら素早く、安全な高台などに逃げる。それこそが命を守り、犠牲者を出さないための一番の対策です。

2 ないものだらけの避難所

長期にわたる避難想定も必要

あの震災は避難所についても問題を投げかけました。津波に呑み込まれ、犠牲者を出すような避難所はそもそも論外ですが、本当に避難所としてふさわしい施設を行政が指定していたのでしょうか。被災して初めて、問題点が明らかになってきました。

大船渡市では小・中学校の体育館や公民館・集会施設、神社・仏閣の境内などが避難所に指定されています。あの日、ある小学校の体育館に大勢の人たちが避難してきました。まだ日の短い3月のこと、時間の経過とともに暗さが増していきました。たまりかねた避難者の一人が市内のリース業者に足を運び、非常用の大型発電機と照明機を借りてきました。暗かった体育館に小さな明かりが灯りました。夜、トイレへ行くのにも重宝し、避難者からとても喜ばれました。

「災害時に真っ暗闇ほど、不安と怖さを募らせるものはありません。ちょっとした明かりがあるだけで違んです」

借りに行った避難者は、そう話してくれました。

「発電機や照明機を避難所に常備しておくのが無理ならば、行政はせめてリース業者と協定を結んでおく。例えば、震度4以上の地震が発生したら、業者は一切の発電機や重機などの貸し出しを中止し、行政の連絡を待つ。そういう体制を平時に作っておくべきです」

これも発電機を借りに行った市民の提言です。

避難所になかったのは発電装置と明かりだけではありません。大半の避難所に飲料水も、食料も備蓄されていませんでした。避難所にあったとすれば、せいぜい毛布ぐらいでしょうか。

その毛布も避難者が多すぎて、全員に渡ったかどうか……。

津波に呑み込まれながら九死に一生を得、濡れねずみのようになって避難所へたどり着いた人たちもいました。しかし、避難所に着替えはおろか、暖房器具もなく、せっかく津波で助かりながら低体温症に陥り、亡くなった人もいたと聞きました。

全国的にみても大船渡市や陸前高田市のように、学校の体育館が避難所になっているケースが多いかと思います。しかし、今回の震災を通じて、

「体育館ほど長期の避難所としてふさわしくない施設もない」

そう、指摘する声が聞かれるようになりました。体育館の構造や設備はもともと健常者のスポーツを前提としたものであり、長期の避難生活を想定して造られているわけではありません。トイレは数が少なく、体の不自由な人や高齢者が利用できるトイレとなると、さらにその数は少なくなります。運動する空間だけは広く取られています。広い分だけ、寒さが増す冬場の避難生活は大変です。

その上、プライバシーを保つこともできません。段ボールなどで仕切り、それぞれの家族のスペースを確保するのがやっとでした。あれば便利な、煮炊きができる調理室もありません。やはり、体育館での長期にわたる避難生活は厳しいものがあります。

そんな時、国際ロータリーから救援物資として「シェルターボックス」が届きました。大人

であれば3人分、子どもがいれば4人分の布団を敷き、さらに物も置ける広さのテントのほか、サバイバル用の道具や鍋・器などの調理用品がセットになっていました。

大船渡市と陸前高田市のロータリークラブ会員の経営する民間企業が窓口となり、避難所となっている体育館や屋内スポーツ施設に運び込み、実際に組み立てて見せ、希望を募りました。ある避難所には一大テント村ができました。家族ごとに入り、それまでよりもプライバシーが保て、女性たちは着替えも自由にできるようになりました。別の避難所では風邪やインフルエンザにかかった人を隔離するスペースとして活用した例もあります。

本来は屋外に設置するもののようですが、寒さ対策にもなることから、敢えて屋内での活用を勧めました。テントを利用した人たちからはとても好評でした。

検討すべき避難所のトイレ対策

避難所生活の中で最も深刻な問題の一つが「トイレ」でした。

もともと避難所に指定されている施設には、便器の数そのものが多くありません。近年は公共下水道の普及によって水洗化も進んでいました。大津波で公共下水道の終末処理場が被災した上、電気や水道も止まった結果、避難所の水洗トイレも使用不能になりました。そうした状況の中で大勢の人たちが避難生活をするわけですから、事態は深刻でした。

ある避難所（学校の体育館）では校庭にショベルカーで横穴を掘り、板を二枚渡して板囲いを乗せ、その中に入って用を足したそうです。別の避難所（同）では屋外にあった昔ながらの「ボッチャン」トイレ（汲取式トイレ）を使うことにしました。寒さが厳しい時期に用を足すため夜昼を問わず、屋外に出て行かなければなりません。しかも便器が少ないため、トイレは男女兼用でした。

さらに別の避難所（公民館）では自衛隊が持参した小さなテント型トイレが６張り、下水道の汚水管の上に設置されました。そこは人の往来が激しい公民館の通路のすぐ脇でした。チャックを開け閉めして出入りする仮設トイレで、やはり、男女兼用でした。やがて各地の避難所には建設工事現場などで使われるボックス型の汲取式トイレが設置されていきました。しかし、いつも行列ができ、落ち着いて用を足すことができなかったと言います。

避難所は停電もせず、水も出て、水洗トイレも使える。避難期間もせいぜい１日か、２日。行政の避難想定は、その程度だったのかもしれません。しかし、現実は全く違っていました。避難所生活は長いところでは３カ月から５カ月にも及んだのです。

阪神・淡路、中越の時もそうでしたが、公共下水道は震災時には役に立ちません。あの震災でも機能したのは合併処理《がっぺいしょり》浄化槽《じょうかそう》でした。事実、大型合併処理浄化槽を設置していた陸前高田市の自動車学校では、近くから沢水を確保し、救援や支援に訪れた大勢の人たちに水洗トイレを使ってもらうことができました。

費用対効果や流す水の確保などさまざまな問題はあるかと思いますが、避難所への大型合併処理浄化槽の併設を検討できないものでしょうか。そうでなければ、仮設住宅団地に設置されている地上設置型の合併処理浄化槽を、震災発生後に素早く配置する体制を平時から整えておくべきです。

東日本大震災のように、ひとたび大きな災害が起きると大勢の人たちが長期の避難所生活を余儀なくされます。各地の避難所は震災発生時に即応できるだけでなく、長期の避難生活にも対応できるようになっているでしょうか。

ポイント 大きな災害が起きると、大勢の人たちが避難所で長期の避難生活を余儀なくされます。長期避難にも耐えられる避難所のあり方を行政と地域で平時から考えておくべきです。

3 求められる避難所のあり方

「避難者トリアージ」への疑問

国の中央防災会議の作業部会は２０１３（平成25）年5月28日、南海トラフ巨大地震対策の最終報告を公表しました。その報告書で「『避難者トリアージ』導入の検討を求めた」という報道がなされました。

トリアージはフランス語で「選別」の意味です。事故や災害で多数の負傷者が出た際、搬送《はんそう》や治療の緊急性、優先性を評価・判断する用語として使われてきました。報告書で言う『避難者トリアージ』とは、地震や津波から逃げてきた人たちを自宅の被災程度や健康状態、障害の有無などを考慮して選別し、避難所に受け入れるということです。

南海トラフ巨大地震が起きると、発生1週間後に避難者は最大９５０万人に達し、うち５００万人が避難所に殺到すると想定されています。収容能力を超えた人たちが詰めかけると避難所はパンクし、対応ができなくなります。そのことを心配しての提案だと思われます。

『避難者トリアージ』が導入されると、避難所には住宅を失った人や高齢者、障害者、乳幼児のいる家庭などが優先的に受け入れてもらえます。しかし、自宅の被災程度が比較的軽かった人たちは避難所に受け入れてもらえず、帰宅を促されることになるのです。

あの震災を体験した者としては少なからぬ疑問を感じます。地震が起き、津波注意報や津波警報、大津波警報が出た場合、行政は防災広報無線などを使い、地域の人たちに避難を呼びかけます。すると呼びかけに応じて大勢が避難所に詰めかけてきます。その時点で避難者一人ひとりから事情を聞き、受け入れするか否かを選別するなど、できるはずがありません。

建物についても地震や津波による被災状況が判明するまでには、相当の時間がかかります。素人目には被害が軽微そうに見えても、専門家が調査すれば危険と判断するかもしれません。その後に頻発《ひんぱつ》する余震で被害が拡大し、建物は壊れてしまうかもしれません。そうした状況で、誰が、いつ、何を基準に、帰宅させる避難者を選別するのでしょうか。

あの震災時、「地元の人しか受け入れない」という避難所がありました。近くを通りがかり、たまたま避難した知人は、その避難所に入れてもらえませんでした。道路が寸断され、被害状況も分からない中で、です。避難生活が長期化の様相を呈してきた時、避難者にその場所の使用料を求めたところもあったと聞きました。『避難者トリアージ』はこうした問題まで引き起こすかもしれません。

「福祉避難所」の設置を

あの日、避難所にはさまざまな人たちが避難してきました。食物アレルギーを持つ人、飲食物に制限がある病気を持つ人、自閉症の子どもさんや乳幼児のいる家族、全盲の高齢者、車イスの人、外国人など、本当にさまざまでした。

〈ケース1〉

食物アレルギーを持つ人にとって、避難所に届く食料の中には食べられない物も少なからずあったようです。空腹に耐えきれず口にして発作を起こして苦しんだり、体中にできた湿疹《しっしん》をかきむしって血だらけになったといった話を聞きました。

津波からせっかく助かった命なのに、食べてはいけない物を食べざるを得なくなり、苦しんだり、命を失う。そんなことがあってはなりません。

〈ケース2〉

乳幼児を抱えた家族も避難してきました。幼い子は夜、ぐずって泣くものです。最初のうちはお互いさまだと思っていても、1週間も経つと、

「いいかげん、黙らせろ！」

そんな声が飛ぶようになります。お母さんはいたたまれなくなり、子どもさんを抱いて

避難所から飛び出し、寒さの厳しい屋外であやさざるを得ませんでした。

〈ケース3〉

自閉症の子どもさんと一緒に学校の体育館へ避難してきた家族がいました。見たこともない大勢の人であふれる体育館に、子どもさんの居場所はありませんでした。一家はその夜、エンジンをかけて暖房をつけたまま車内で過ごすことにしました。しかし午後8時にはガソリンがなくなり、暖房のない車内で一夜を過ごさざるを得ませんでした。翌夕になって体育館に移ってみましたが、子どもさんが体育館で避難生活を送るのはやはり、無理でした。

津波で自宅を失った一家に戻る場所がありません。子どもさんが落ち着ける場所を求め、避難所や福祉施設を転々とすることになりました。ご主人の勤める会社が一家の苦衷《くちゅう》を知って社宅を用意してくれたのは、震災から約3週間後のことでした。

話は横道にそれますが、仮設住宅やみなし仮設に入居すると、日赤から家電製品などが支給されます。自閉症の子どもさんがいる一家が入居した社宅は、行政が建てた仮設住宅ではありません。民間や公営の賃貸住宅でもないため、みなし仮設にも該当しません。その一家は「り災証明」を持つ被災者なのに、社宅に入ったことで「自立」とみなされ、被災した人に支給される品々をもらえなかったのです。

震災直後、切実に支援を必要とする人たちがいました。それなのに、救いの手を差し伸べてもらえなかった人たちがいたのです。

内閣府は２０１３（平成25）年７月、災害時の避難所の整備・運営に関する指針案をまとめました。その中で、避難所に食料や飲料水のほか、食物アレルギーに配慮したアルファ米やアレルギー対応のミルク、高齢者・乳幼児用の紙おむつ、女性向け生理用品の備蓄を検討するよう求めました。一歩前進かと思います。しかし、避難所の一つ一つに、内閣府が求める多種多彩な防災用品を備蓄することは、果たして可能でしょうか。

さらに指針案は、避難所をバリアフリー化し、避難所内に援護を必要とする人たち向けの「福祉避難室」設置の重要性を指摘しています。考え方としてはとても良いことです。ただ、この指摘も現実を考えると、疑問符を付けざるを得ません。

先ほども触れましたが、大船渡市や陸前高田市では小・中学校の体育館や地域の公民館・集会施設、神社・仏閣などが避難所に指定されています。こうした避難所に震災時は大勢の避難者が、しかも一気に押し寄せてきます。そうなると、施設はその人数を収容するのが精一杯で、施設内に福祉避難室を設ける余裕はありません。それが現実ではないかと思います。

行政は一般の避難所とは別に、平時から専門化した「福祉避難所」を指定しておくべきです。例えば、食物アレルギーや病気で食事制限のある人は○○センター、乳幼児とその家族は□□

センター、自閉症の人とその家族は△△センター、介護が必要な高齢者はどこそこなど、細分化した専門の福祉避難所を指定しておくのです。

その上で、専門の避難所ごとにそれぞれが必要とする特殊な飲食物や品物を備蓄する。その方が効率的です。仮に震災初日は一般向けの避難所に逃げたとしても、翌日には必ず専門の福祉避難所に行けるようにするのです。そういうシステムを平時のうちに作り上げてほしい、と願います。

ポイント 行政は一般の一次避難所とは別に、災害弱者のために専門化した「福祉避難所」を指定しておくべきです。その上で、福祉避難所ごとにそれぞれが必要とする特殊な食料や品物も備蓄しておくべきです。

4 救援物資の集配は民間委託で

プロのノウハウの活用

被災して間もなく、国内外から善意の救援物資が続々と震災の地に送られてきました。避難所そばの貸家に移った私たち家族も交代で毎日、避難所でもらった段ボール箱を持って朝昼夕3回、避難所に並びました。避難所の玄関に入ると家族の人数を申告し、その人数分の食料や飲み物を段ボール箱に入れてもらいました。寒風の中でも誰一人として列を乱さず、黙々と順番を待ったものです。テレビで以前見たようなシーンを、まさか自分が体験するとは、正直言って、震災前は考えてもみませんでした。

それでも並べばもらえただけ、私たちは幸せでした。後になって、救援物資が届く避難所と届かない避難所があった、と耳にしたからです。その一方で、支援物資が集中し、しかも同じ物がダブって配送される避難所もあったと言います。

こんな話もあります。ある避難所に野菜や果物が配給されました。ところが、その避難所には調理設備も調理器具もなかったのです。

「野菜を送ってもらえるのであれば、コンロや調理器具も一緒に届けてほしかった」

避難所にいた人はそう、話していました。

通信手段もないまま孤立してしまった避難所もありました。避難者が集まって自然発生的にできた避難所もありました。そうした避難所は把握が難しかったのでしょう、支援の手が遅れてしまったようです。

被災した地域にあって、救援物資の受け入れ窓口は地元の行政だったと思います。

大船渡市内のあるお寺では、本山が全国のお寺や信者さんから集めた食料や衣類、調理用具などを市役所に届けました。全てが新品でした。ところが3回目になると、市から「届いた物資はお寺の方で対処してほしい」と受け取りを断られてしまったのです。救援物資はお寺の一角に山のように積まれ、行き場を失っていました。お寺ではお葬式や法事で来た人たちに事情を説明し、被災した人を中心に必要な物、希望する物を持ち帰ってもらいました。

市から受け取りを断られた団体や個人が、「それならばどこに届ければいいですか」と尋ねても、答えは返ってこなかったと言います。その結果、

「集めた救援物資をどこに送ればいいか、教えてほしい」

「せっかく救援物資を集めたので、必要としているところに届けてほしい」

そういった問い合わせや要請が民間の企業や各種団体、個人にまで回って来ることになりました。民間サイドが受け入れ先を探し、各地からの善意をお届けすることも多くありました。

大船渡市だけでなく、他所でもある時期から救援物資の受け取りを中断する市町村が出てきました。少ない職員体制の中で多忙を極める行政には、全国各地から届く大量の物資に対応できなかったのだと思います。阪神・淡路、そして中越の時も行政は寄せられた善意の救援物資の受け入れと仕分け、配布で苦労していました。それも過去の震災の教訓だったはずです。

今回、その教訓を生かした自治体がありました。民間の運輸会社に支援物資に関する事業を委託したのです。その話をテレビのニュースだったか、特別番組で見ました。運輸会社はそのノウハウを生かし、送られてくる救援物資の受け入れから仕分け、保管、在庫管理を行いました。その上で、各避難所のニーズを把握し、物資を適確に効率良く配送していたのです。その映像を見て、感心したものでした。

そもそも行政には各地から送られて来る大量の支援物資を円滑に受け入れ、必要な物を必要な避難所や被災者に効率的に配布するノウハウがありません。行政はノウハウがないのですから、平時のうちに救援物資の受け入れから配送まで一括して民間の宅配業者に委託しておくべきです。

大災害が起きると、被災した地域内では運輸会社の機能や業務が長期の休止を余儀なくされます。であれば、その人材や車両、ノウハウ、保管スペースを震災時に活用させてもらえるよう、行政は平時に協議しておくべきです。

災害時後方支援拠点の重要性

岩手県内では２０１３（平成25）年8月に北上市とヤマト運輸が災害時の協力協定を結びました。北上市は津波被害とは関係のない内陸部にあり、震災が起きれば沿岸部への後方支援拠点となります。同社では救援物資を管理する拠点の運営と避難所までの輸送ノウハウを北上市に提供し、必要な物を必要なところに運べるようにするというのです。

震災が想定される市町村だけでなく、後方支援に当たる市町村も平時からこうした協定を結んでおいていただきたいと思います。

岩手県の内陸部には震災直後から沿岸部への後方支援拠点となり、被災した地域を助け、支えてくれた市町村がたくさんあります。被災した人たちは本当に助かりました。そうした後方支援拠点の一つが遠野《とおの》市でした。遠野市内のある施設に「り災証明書」を持って行けば、一世帯で決まった数の品物がもらえると友人から教えられ、私も妻と出かけました。食料品から衣類、雑貨、さらには自転車など、さまざまな物資が豊富にありました。沿岸部の各地から車で大勢、訪れていました。

しかし、私の周辺ではその情報を多くの人が知りませんでした。情報を知っている人だけが得をする。その場所に行ける人だけが得をする。何か違和感を覚えずにいられませんでした。同時に、平時だけでなく、とりわけ震災のような非常時には情報がいかに大切か。そのことを身にしみて感じたものです。

全国各地から避難所や仮設住宅団地に炊き出し、慰問などで多くの人たちに来ていただきました。ただ、炊き出しや慰問も常に来るところと、全く来ないところがありました。来ないところの人たちは寂しがっていたものです。炊き出しや慰問も窓口を作って訪問先を調整できれば、もっと多くの人たちに喜ばれたと思います。

ポイント 震災が想定される市町村、後方支援に当たる市町村は平時のうちに民間の運輸会社と災害時の協力協定を結び、救援物資の受け入れから配送までを一括して委託しておくべきです。

5 機能しなかった防災計画

四つの大災害による大惨事が残した教訓

災害は決して、人間の都合の良いようには起きてくれません。時期も規模も人知を超え、不意に襲いかかってきます。そのことを私たちは東日本大震災を通じて痛感しました。東北の太平洋岸に暮らす私たちは、宮城県沖地震は必ず起きると覚悟してきました。ところが襲ってきたのは宮城県沖地震どころか、千年に一度と言われるほどの巨大地震と空前絶後の大津波でした。

各地で火災も発生しました。特に宮城県気仙沼市や岩手県大槌町《おおつち》では大火災が起きました。福島県ではあってはならない原発事故まで加わりました。東日本大震災は「地震」「津波」「火災」「原発事故」という四つの大災害が重なり合い、大惨事を招くことになりました。こうした『複合多重災害』の発生を誰が予想したでしょうか。今後、さらに大規模な複合多重災害が起きる可能性があります。

例えば、大潮の時期にスーパー台風とか爆弾低気圧が襲来し、大暴風雨に見舞われる。各地で河川は氾濫して冠水《かんすい》が起き、土砂崩れが続出する。そこに巨大地震が発生し、大津波が押し寄せて来る。原発が再び被災して事故が起き、さらには火山も噴火して大火砕流が起きる。しかもそれらが深夜から未明にかけて発生する。こうした想定はあり得ないことでしょうか。

もちろん、国も都道府県も万が一に備え、防災計画を策定しています。それらの計画に基づき、全国の市町村も地域防災計画を作っています。しかし、行政の防災計画は「地震（津波含む）」は「地震（同）」、「火災」は「火災」、「水害」は「水害」、「火山噴火」は「火山噴火」と、大半は『単独災害』を想定した計画なのです。「非現実的な妄想だ」と思われるような、考えうる限りの最悪の複合多重災害を想定した防災計画も、一度は検討しておくべきではないでしょうか。あの震災を体験したからこそ、そう思わずにいられないのです。

既存の防災計画は東日本大震災では十分機能しなかったように思えてなりません。

防災計画では災害が発生した場合、市町村長や職員は帰宅していれば、すぐに登庁することになっています。通常の勤務中であれば仕事を中断します。そして庁舎内に対策本部を設置したり、各地区に本部を設けて対応に乗り出すことになっています。そこには幾つもの前提があるのです。▽市町村長や職員らが全員、あるいはほとんど全員が無事で、短時間に対策本部を設置できる▽対策本部を設置する庁舎等に被害はない▽電気や通信は短時間あるいは短期間で復旧する――などです。

東日本大震災の現実はどうだったでしょうか。岩手県の場合、陸前高田市役所には臨時や嘱託を含め、４４３人の職員がいました。その４分の１に当たる１１１人が震災で犠牲となりました。

大槌町では町長と職員が40人、犠牲となりました。犠牲者は全職員の３分の１に当たり、課長も11人のうち７人が亡くなりました。副町長は任期満了で６月に退任。総務課主幹が総務課長となって町長職務代理者に就任し、８月の選挙で新町長が決まるまで町長・副町長不在という異例の事態が続いたのです。

陸前高田市や大槌町では庁舎も壊滅しました。戸籍簿や住民基本台帳、防災対応マニュアルなどが流出し、バックアップデータまでも失われました。両市町では一時的にしろ、行政機能は破綻状態に追い込まれ、その後の対応に苦労することになりました。市町村の地域防災計画はこうした状況を想定していなかったのです。

海なし県が津波対策

岩手県は震災後に防災計画を見直し、要請を待つことなく、被災した市町村の行政機能の支援に動くこととしました。なぜ、このような見直しを行ったのでしょう。

国の災害対策基本法は市町村が被災して機能を失った場合、都道府県に応急措置を代行するよう義務づけています。しかし、同法が規定する権限の代行は「災害警戒区域の設定」「人的・物的公用負担」などに限定され、市町村の全般的な業務を代行する権限までは認められていなかったのです。

陸前高田市や大槌町は行政機能が麻痺《まひ》状態に陥りました。しかし、法律に基づいて策定された当時の計画では、県の支援も限定的なものにとどまらざるを得ませんでした。その反省が県の防災計画の見直しにつながったのです。

国も震災後に法を改正し、市町村が大きな被害を受けた際は都道府県が自ら情報を収集し、国と連携して救援や救助などの活動を行えるようにしました。今回の震災が起きるまで、国の法律も、県の防災計画も、そして当事者の市町村さえも自分たちが被災して機能不全に陥ることを想定できていなかったのです。

東日本大震災を機に、他県でも防災計画を見直す動きが出ました。海のない埼玉県が防災計画に「津波被害対策」を盛り込む検討作業に入った、という報道がされました。関東大震災や東海地震により津波が東京湾を襲った場合、県内を流れる荒川を遡上して被害をもたらす可能性がある。それが見直しの理由です。複合多重災害や最悪の被害シナリオを作り、既存の防災計画に死角がないか。改めて、点検と見直しを行ってほしいと願います。

行政が行う避難訓練についても触れておきます。訓練は主催する行政が最初から手順を決めて準備をし、土・日曜日の早朝か午前中に行われることが多いと思います。なぜ、いつも同じような日時と内容で訓練を行うのでしょうか。

災害は「不意打ち」的に襲ってきます。地域に人が少ない平日の午後、あるいは真冬の深夜から未明に起きることもあり得ます。市長や副市長が動けなくなり、職員の半数が登庁できない。電気も通信も1週間、途絶する。そうした「想定外」の訓練も行ってみないと、問題点や課題は見えてこないはずです。せめて行政や消防、警察の関係者だけでも最悪のシナリオを描き、合同で机上訓練を行ってみてはどうでしょうか。

愛知県のある市では2011（平成23）年に、「市長も副市長もいない」という想定で災害発生時の机上訓練を行ったと聞きました。新たな想定で防災訓練を始めた自治体が出始めています。これまでの体験は体験として、体験以上の最悪の事態があり得ることを常に想定し、行政も地域も備えておかなければなりません。それもまた、私たちが震災から学んだ教訓でした。

ポイント 災害は決して、人間の都合の良いようには起きてくれません。そのことを肝に銘じ、防災や減災の備えを見直すことが必要です。

6 スマホや携帯は機能するのか？

ワンセグに光明

2012（平成24）年9月初め、愛知県名古屋市に滞在しました。早朝、携帯電話のメール着信音で目が覚めました。時ならぬメールに、何か起きたのかと慌《あわ》てて見ると、名古屋市から発信された「防災訓練」の通知メールでした。名古屋市は非常時の情報を、メールを通じて市民や来訪者に知らせているようです。このメール送信自体、訓練の一環だったに違いありません。

東日本大震災の時、首都圏では電車が動かず、大勢の帰宅困難者が出ました。その反省からでしょう、震災後、東京都が帰宅困難者を避難場所へ誘導する訓練を行い、その様子がテレビのニュースで放送されました。

行政はスマートフォンや携帯電話に情報を流して誘導する一方、訓練参加者は「情報配信は助かる」と語っていました。確かに、メールを活用すれば大勢に、しかも瞬時に情報を発信できます。その意味ではとても便利な伝達手段です。しかし、これまでの体験から言って、災害の規模が大きくなればなるほどスマートフォンも携帯電話も通じなくなるという危うい側面を持っています。実際、東日本大震災の発生直後から大船渡市など多くの市町村でスマートフォンや携帯電話は声だけでなく、メールのやり取りもできなくなりました。

首都圏や大阪、名古屋のような大都市では震災が起きても、東北と違ってスマートフォンや携帯電話は機能するのかもしれません。仮に機能したとして、大都市で震災が起きれば建物が倒壊し、道路が寸断され、大火災も発生するに違いありません。

そうした状況で行政はどのようなメールを配信し、どのように被災者や帰宅困難者を安全に誘導するのでしょうか。中には目の不自由な人たちや日本語が読めない外国の人たちもいるはずです。その人たちに日本語の文字メールを送って、果たして情報は伝わるのでしょうか。

まずは震災時でもスマートフォンや携帯電話が有効に機能するような新たなシステムや技術

の改善・開発を期待するばかりです。個人的な疑問は疑問として、行政にはメールによる情報の伝達訓練を続けてほしいと思います。訓練によって予想しなかった問題点が判明し、改善された実例があります。そうした積み重ねが震災時に生きるかもしれません。

行政にはメールが機能しない場合も想定し、情報伝達の二の手、三の手を常に用意しておいてほしい、とも心から願います。

東日本大震災の際、メールが機能しなくなった中で、震災直後から震災地で情報入手の貴重な手段となったものがあります。「ワンセグメント放送」（略称：ワンセグ＝地上デジタル放送）です。スマートフォンも携帯電話もバッテリーがある限り、放送を受信することができました。車に搭載されているカーナビのワンセグも機能していました。

ワンセグ放送によって津波襲来の情報を得、高台に避難場所を変えたおかげで社員の命を救うことができた企業も大船渡市にあります。大震災の最中でもワンセグは生きていた。その話を聞き、何か、光明を見出す思いがしたものでした。

防災行政無線老朽化のリスク

私たちの地域で非常時における一番の情報伝達手段といえば、防災行政無線です。各地に設置された屋外拡声器（スピーカー）を通じて、役所や消防署から一斉に情報が伝えられます。

その防災行政無線ですが、全国的にみると、機能が低下している地域があると指摘されています。要因の一つが老朽化です。システムの更新に膨大な費用と時間がかかるため、なかなか手がつけられずにきたというのです。

もう一つの要因としてマンション居住者の増加が挙げられています。いくら情報を発信しても、高気密化されたマンション内に放送は聞こえないというのです。そういえば、大都市の中心地域で防災行政無線の屋外拡声器を見かけた記憶がありません。

もちろん、防災行政無線も万能ではありません。大地震や大津波で放送・中継施設などが破壊され、情報伝達が不能になることがあり得ます。そのことまで想定し、市町村には防災行政無線に代わる二の手、三の手を平時から講じておいてほしいと切に願います。

東日本大震災2日目のことだったと思いますが、こんな出来事が私たちの町でありました。日中に大きな余震が襲ってきました。しかし、防災行政無線の放送が流れませんでした。防災行政無線は震災直後に起きた停電以降、屋外拡声器に内蔵されたバッテリーを使って放送が行われてきました。そのバッテリーも切れ、震災翌日には全ての屋外拡声器が機能停止に陥っていたのです。

防災行政無線に代わって、消防団のポンプ車が何かを広報しながら、慌ただしく走り回り始めました。避難先の親戚宅から外に出て、耳を傾けました。

「大きな津波が襲来する可能性があります。もっと高台に避難してください！」

消防団がそう、呼びかけていたのです。湾口防波堤も沿岸の堤防も破壊されています。街は壊滅して建物もなくなり、津波を遮るものが一切、ありません。

「今度大津波が来ると、どこまで上がってくるか分からない」

誰もがそんな危機感を抱いていました。

考えれば、消防団員らは大津波がいつ襲ってくるかも分からない中、ポンプ車に乗り込み、情報を伝達して回っていたのです。

私たち家族も親戚宅から、さらに高台の地区公民館へ逃げました。集まった人たちが広場から固唾《かたず》をのんで海を凝視していた、その時でした。公民館からハンドマイクを手に、一人の消防団員が勢い良く飛び出してきて、こう叫んだのです。

「女川《おながわ》原発が爆発しました！　こちらに放射能が飛んできます！　皆さん、急いで屋内に退避してください！」

原発。爆発。放射能。その言葉に広場はパニック状態に陥りました。地区公民館は前日からの避難者でいっぱいでした。外部からの一時避難者が入り込む余地はありません。私たち家族は親戚の家に大急ぎで戻りました。

津波と放射能の恐怖に怯えながら過した時間の、なんと長かったことか。その後のラジオ放送で爆発したのは福島第一原発だと知りました。福島の人たちの不安を思うと、胸が張り裂けそうになりました。それにしても、どこで、どのようにして誤報が生じ、伝達されてしまったのでしょうか。非常時の情報伝達の難しさを痛感させられた出来事でした。

ポイント スマートフォンや携帯電話などの通信手段が、震災時に通じるとは限りません。行政は情報伝達の手段として常に二の手、三の手を考えておくことが求められます。東日本大震災ではワンセグ放送から情報を得て助かった人たちもいました。

7 途絶したライフライン

まちまちな復旧のスピード

「ないものだらけの避難所」でも触れましたが、避難所だけでなく、震災の地で最も深刻な問題の一つがトイレでした。

大船渡市でも、隣の陸前高田市でも、市街地は公共下水道が整備され、トイレの水洗化が進んでいました。地震と津波によって電気と水道が止まり、終末処理場や埋設された導管が被災し、公共下水道は機能停止に追い込まれました。その結果、公共下水道とつながっていた水洗トイレは使えなくなってしまったのです。

建物が被災しなかった家庭にとっては本当に深刻な問題でした。知り合いの女性は自宅の水洗トイレが使えず、「家の裏に穴を掘り、深夜に人目を忍んで用を足していた」と話してくれました。大船渡市で公共下水道が復旧し、水洗トイレが利用可能となったのは4月に入ってからでした。

阪神・淡路や中越の時も公共下水道は地震によって導管などが破損し、機能しませんでした。誰にとっても、トイレは生活と切り離せない大切な問題です。現在はさまざまな「災害用トイレ」が商品化されています。公共下水道が使えなくなっても、既存の水洗トイレを活用できる簡易トイレもあります。一般家庭だけでなく、事業所でも平時から災害用トイレを用意しておくことをお勧めします。

主要なライフラインの一つが電気です。大船渡市の場合、早いところでは震災2日後の3月13日から電気が通じました。以来、漆黒の闇に覆《おお》われていた震災の地に少しずつ、明かりが灯っていきました。

私たち家族が借りた部屋に電気が通じたのは、震災から1週間以上経ってからではなかったかと思います。それでも早い方でした。仕事を終えて帰宅し、仮住まいの〝我が家〟から漏れる明かりを目にした時には、思わず涙がこぼれたものです。大船渡市や陸前高田市では電気が完全復旧するまでに78日もかかりました。被災範囲があまりに広く、被害が大き過ぎたのです。

大船渡市の場合、上水道の復旧は早いところで、4月に入ってからだったと思います。震災直後は自衛隊や全国の自治体から派遣された給水車が頼りでした。大きなペットボトルを何本もリュックに背負い、家族総出で給水車の来る避難所と〝我が家〟を毎日往復したものです。

電気が通じるようになると、近所の民家で地下水をくみ上げることができるようになりました。ペットボトルを毎朝持参し、水を分けてもらうのが私の日課となりました。上水道の完全復旧まで大船渡市で95日、陸前高田市では１０８日を要しました。

被災した都市部では都市ガスの供給停止も深刻な問題だったようです。岩手県内の被災市町村で都市ガスが使われていたのは釜石市でした。同市の都市ガスが完全復旧するまで31日かかっています。

大船渡市や陸前高田市では都市ガスではなく、家ごとにボンベを設置するプロパンガスが使われています。ボンベにガスさえ残っていれば煮炊きは可能でした。震災当日からガスを使うことができ、とても助かりました。プロパンガスとともに、電気を使わない反射式灯油ストーブも心強い味方でした。私たち家族が身を寄せた親戚にも、このストーブがありました。暖房にも煮炊きにも使え、とても重宝したものです。

震災によって固定電話も、スマートフォンも、携帯電話も不通になりました。スマートフォンと携帯電話は「au」が場所によって3月15日からつながるようになりました。「NTTドコモ」は3月20日に復旧しました。「ソフトバンク」が通じるようになったのは、それから後のことでした。

震災直後から私は携帯電話の電源をオフにしました。接続状況を確認するため、一日に何度か電源を入れ、すぐにまた切りました。充電器がなく、停電も続いている状況でバッテリーが空になると、携帯電話がつながるようになった時に使えなくなる恐れがありました。いつ充電できるかも分かりませんでした。予備バッテリーの必要性をつくづくと感じたものです。

私が勤めていた新聞社で固定電話が復旧し、パソコンがインターネットにつながったのは、震災から約1カ月半後の4月下旬になってからのことでした。光ケーブルが各地で切断され、基地局である地元の電話局が浸水して被災に遭ったことで復旧が大幅に遅れることになったのです。

固定電話に関して後日、こんな話を聞きました。私の自宅は全壊し、固定電話が通じる状況にありませんでした。それを知らない親戚や友人たちが自宅へ何度も電話をくれたそうです。

そのたびに、

「電話はただいま混み合っております。しばらくしてからおかけ直しください」

そういった意味のアナウンスが流れたというのです。

「それならば、と早朝や午前、午後、夜、深夜と時間帯を変え、何度も電話をかけた」と親戚は話してくれました。罪作りなアナウンスをしていたものです。

震災当日に新聞号外を出せた理由

いずれ、大規模な震災が起きれば、私たちの日常生活を支えているあらゆるものが、長期にわたって機能停止に追い込まれます。そうなった時、企業や個人での対応には限界があります。それでもできることはあるはずです。私が勤務していた東海新報社は創刊間もない1960（昭和35）年、チリ地震津波で被災し、1週間にわたって新聞を発行できませんでした。その教訓から1988年、社屋を海の近くから高台に移しました。震災2年前の2009（平成21）年には震災時の停電を想定して投資を行い、いつ必要になるかも分からない非常用発電装置まで設備しました。

そして、東日本大震災が起きました。あらゆるライフラインが途絶する中、東海新報社は震災当日にカラーコピー機を使って号外を、翌日からは輪転機を動かして新聞を発行していきました。3月中は震災前の発行部数よりも多く印刷し、全て無料で避難所などに配りました。可能な限りの備えをすることによって、「いつ、いかなる時でも地域の人たちが必要とする情報を届ける」という地元紙としての使命を果たすことができたのです。

震災で大船渡市と陸前高田市が被災したため、購読部数は1万7000部から8000部に激減しました。しかし震災直後からの報道が地域で改めて評価され、1万4000部（2014〈平成26〉年4月現在）にまで回復しています。やはり、個人も事業所も最悪の場合を想定し、自分たちでできることだけでも平時から考え、備えておくことをお勧めします。

ポイント 震災が起きると水洗トイレは使えなくなります。一般家庭だけでなく、事業所でも平時から災害用トイレを用意しておくことをお勧めします。

8 友人・知人からの見舞金

刻々と変わる必要物資

震災から10日ほど経つと、当面の避難生活に必要な物は救援物資で間に合うようになりました。

ただ、「被災地は寒い」「乾電池が不足している」という報道がなされると、使い捨てカイロや厚手の下着や衣類、乾電池といった物ばかりが山のように届く状態でした。ご厚意は本当にありがたかったのですが、被災した人が必要とする物は時間の経過や場所によって刻々と変わっていきます。送り手と受け手との間には、徐々にミスマッチが生じていきました。

携帯電話が通じ始めると、遠方の友人や知人から電話がかかり、メールが届くようになりました。

「必要なものがあれば何でも言ってくれ！　すぐに送るから」

「私を自分の家族、親せきだと思って、何でも言って！」

親身になってそう、申し出てくれました。私は温かくも優しい申し出に心から感謝し、電話の相手に深々と頭を下げながら、こう答えたものです。

「その気持ちだけで十分です。本当にありがとうございます！」

そんなやり取りを脇で聞いていて、妻がこう言うのです。

「お父さん、なんで、気持ちだけで十分だなんて言うの！」

その言葉と勢いに、私は気圧《けお》されました。私だって本音を言えば、欲しい物はたくさんあります。でも、男というのはなかなか口にできないものなのです。

さて、私の妻です。妻の携帯電話にも、東京で一緒に働いていた時の友人からメールが届きました。

「何か欲しいものはない？　何か困っているものはない？　欲しい物があれば何でも言って、すぐに買って送るから！」

そのメールを見て、妻は友人に電話をかけました。そして、こう、お願いしたのです。

「何か買って送ってくれるんだったら、物を買うお金、現金を送って頂戴！」

脇でその言葉を聞き、「えっ、そこまで言うの！」と呆気《あっけ》にとられ、感心したものです。その時改めて女性の凄《すご》さをまざまざと実感しました。

妻の友人は他の友達にも連絡を取ったようです。それからというもの、妻宛ての現金書留が何通も届きました。その頃には封書や葉書、現金書留は届くようになっていました。

31万円に込められた意味

妻のやりとりを聞いた後でも、私は「現金を送ってください」とは言えませんでした。私宛ての現金書留が一通もないものですから、いささか肩身の狭い思いをしていました。しかし語らぬ私の思いを察してか、見舞金を送ってくれる友人や知人がおりました。本当にありがたいものでした。

名古屋の友人は「31万円」もの大金を送ってくださいました。その友人とは20年前、仕事で名古屋を訪ねたのが縁となり、お付き合いが始まりました。お付き合いと言っても、震災前までに会ったのは3回ほどでした。その人柄に魅せられて毎年秋には私がサンマを送り、名古屋からは富有柿《ふゆうがき》が届く。そんな交流を20年間、続けてきました。

送られてきた金額が「31万円」と半端だったので、妻と2人で首をかしげたものです。その理由を妻と話し合いました。

「30万円送ろうとして、間違って1枚、余計に入れたのでは」

それが私たち夫婦の結論でした。その夜、御礼の電話を差し上げました。

「大金を送っていただき、本当にありがとうございます！」

ところが友人は、

「お金はカミさんが送ったので、いくら送ったのか、自分は分からないんです」

そう、言うのです。私は奥さんとは一面識もありませんでした。ただ、奥さんはこう言って、お金を送ってくださったそうです。

「1日1万円あれば、1カ月はなんとか暮らせるでしょう」

1日1万円、1カ月31日で31万円。お札を数え間違えて、一万円札を1枚余分に送った訳ではなかったのです。

「私が子どもの頃、伊勢湾台風で避難生活を送りました。その時、全国の方々からご支援をいただきました。今回は私たちがそのお返しをする番だと思っていますから」

友人の言葉に心を打たれ、涙がこぼれました。奥さんはその後も裁縫セットや胃腸薬など、こまごまとした物を含め、被災した者が本当に必要と思われる物を送ってくださいました。その心遣いに妻と2人、今でも心から感謝しています。

私たち家族は2台の車を失い、どこに行くにも徒歩でした。仕事に復帰するにしても、生活道具を買いに行くにしても車が必要でした。しかし震災直後は自動車の売買の多くが現金取引でした。しかも価格は震災前より2割も、3割も高くなっていました。

私たちは津波が襲来しても「我が家まで来ない」と思っていましたから、持って逃げた現金も高が知れたものです。私と妻の財布の中身を足しても、車を買える金額には届きませんでした。銀行が被災し、お金を引き出すこともできません。内陸部へ行けば引き出せるのですが、行きたくても私たちには車がなかったのです。

もちろん、全国の皆さんがお寄せくださった義援金や公的な生活再建支援金を頂戴しました。被災した私たちをとても励まし、勇気づけてくれました。

ただ、最初の義援金が銀行口座に振り込まれたのは、震災から2カ月以上経ってからです。生活再建支援金が支給されたのはさらに1カ月後のことでした。義援金や生活再建支援金より先に、友人や知人からの見舞金が郵送や人の手を介して直接届きました。震災直後に必要な物を買う上で、とても助かりました。

万が一、よそで災害が起きた時は、もちろん、日赤や募金会などにも義援金を寄付します。それと同時に、「友人や知人には直接、現金を送ろう！」。そう、我が家では決めました。

ポイント 被災した人が必要とする品物は時間の経過や場所によって刻々と変わります。救援物資を送る時には、その点にも注意が必要です。

第四章

一日も早い復興のために

1 〝復興能力〟を超えた復興事業

なぜ都市再生機構に

東日本大震災の発生により、震災地の市町村は「日常業務」に加えて、「被災者対応」に追われることになりました。この二つだけでも大変なのに、「復旧事業」を急ぎ、「復興事業」とも取り組まなければなりませんでした。

大船渡市役所でも「日常業務」「被災者対応」「復旧事業」「復興事業」という四つの仕事と事業を、同時並行的に進めることを余儀なくされたのです。被害規模の甚大さからいって、被災者対応も、復旧事業も、復興事業も多種多様で、それぞれが膨大な事業量です。大震災という非常事態の中で、日常業務を含めて四つもの仕事と事業を同時並行的に進めることなど無理な話だ、としか言いようがありません。

まず、絶対的に人員が不足しています。他の自治体同様、人件費削減のため職員数を減らしてきました。平時体制の職員しかいないのです。震災後の人員不足を補うため、全国の自治体から職員を応援派遣していただいています。地理も人間関係も分からない異境の地で仕事に励む派遣職員の方々には本当に頭が下がります。しかし、応援派遣を受けてもなお、震災地の行政の人員不足は解消されていません。災害規模があまりに大きく、対処すべき事業量が膨大過ぎるのです。

そうした中で地元行政は将来も見据えながら、未曾有の大震災よって広範囲に壊滅した地域を、ゼロから造り上げていかなければなりません。千年に一度と言われる大災害からの一大復興事業です。職員は当然、経験したことがなく、先輩たちの手本もありません。つまり、今回の復興は「前例のない大事業」ということです。前例を踏襲してきた行政には、人員だけでなく、前例のない復興事業に対応する能力も、ノウハウもありません。能力もノウハウもないのですから、最終的には外部に協力を求めたり、委託することになります。

大船渡市では２０１３（平成25）年7月、国土交通省の所管組織、独立行政法人都市再生機構（ＵＲ）に大船渡駅周辺の土地区画整理事業と津波復興拠点事業を一括委託しました。

土地区画整理事業の地権者説明会の段階から、常にＵＲの職員が市側として同席していました。彼らは冒頭で自己紹介こそしますが、それだけです。そして、いつも市職員の後ろ側に控えていました。

「なぜ、ＵＲなの？」

そう、疑問を抱く人たちが周囲には少なからずいました。しかし、市からも説明は一切、ありませんでした。URの資料によると、県知事の要望を受けた国土交通大臣からの要請で、2011（平成23）年4月から被災市町村に職員を派遣し、復興計画の策定を支援してきた、とあります。震災直後から〝支援〟に入っていたことが分かりました。

市町村は日常の業務、被災者対応に特化を

こんなこともありました。大船渡町内の津波浸水地域に、経済産業省所管の独立行政法人中小企業基盤整備機構の支援を受け、仮設商店街と仮設屋台村が2011年12月にオープンしました。当初、大船渡市が地権者交渉を行い、用地を確保した上で出店希望者を募り、同機構に仮設店舗の設置を申請する段取りでした。しかし、市は用地を確保できませんでした。結局、出店希望者を先に募り、その人たちに地権者との交渉を任せたのです。

屋台村出店グループの代表が困りに困って、私のところにまで交渉に来ました。代表から市が地権者に提示している条件を聞き、これでは用地確保などできるはずがない、と変に納得しました。なにしろ市の条件というのが、

「屋台村開設期間中の固定資産税を免除する」

ただ、それだけだったのです。開設期間は当初、2年間でした。貸す側にすれば固定資産税を支払わなくてすみますが、入ってくる収入もないということです。しかも土地を借りたい、

買いたいという話が来ても、屋台村の建物ができてしまえばすぐに対応ができません。協力したいと思いつつも、今後の生活再建を考えると断らざるを得ませんでした。

屋台村に貸す、貸さないにかかわらず、震災後は我が家でも固定資産税が平成25（2013）年度分まで減免されてきました。それを考えると、市が地権者に提示した固定資産税免除という条件は一体、何だったのでしょうか。

とはいえ、さまざまな法律や枠組みの中で、しかも少ない人員体制の中で、市の職員たちも県内外の市町村や民間の応援を得ながら一生懸命にやっていると思います。

ただ、東日本大震災のような大規模災害となると、東北地方沿岸部の中小規模市町村レベルでは対応しきれないのも現実です。どうひいき目に見ても、震災地の市町村の〝復興能力〟をはるかに超えています。

「できないことをやらなければならないのだから、なんと、荷が重いことだろう」

そう、職員たちに同情さえしたくなります。

震災地の市町村は自らの力を認識した上で、自分たちにできること、絶対にやらなければならないことに特化して対応すべきです。一つは日常の業務です。もう一つが被災者への対応です。これだけでも十分過ぎるほどの大事業です。

復旧事業は国と都道府県にお願いする。そして、復興事業は民間に委ね、市町村は支援する側に回る。震災時にはそうした役割分担をきちんと決め、対応することが大切なのではないかと考えます。ただし、被災して苦しむ人たちの救済と生活再建のためならば、国や県とケンカし、法律や制度を変えさせてでも取り組む。震災地の市町村には、その気概を持って事に臨んでほしいと心から願います。

ポイント 震災地の市町村は自らの力を認識した上で、自分たちにできること、絶対にやらなければならないことに特化して対応すべきです。一つは日常の業務です。もう一つが被災者への対応です。これだけでも十分過ぎるほどの大事業です。

2 住田町長が下した決断

画期的な「木造一戸建て」仮設住宅

大船渡市と陸前高田市に隣接する中山間地に、住田町があります。総面積の約90%を山林が占め、人口は約6000人。年間の一般会計予算が約40億円という小規模な町です。住田町は

『森林・林業日本一の町づくり』に取り組んでいます。この町には豊かな森林資源から多彩な木材の加工施設、さらには優秀な木造住宅を建てる建築会社まで、林業に関わるものが全て揃っています。

その住田町が震災から間もなくして、津波で家を失った大船渡市民や陸前高田市民らのため、町内の3カ所に町産材を使った「木造一戸建て」という画期的な仮設住宅93戸を造り、提供しました。しかも、その費用に〝虎の子〟の自主財源約3億円を投じたのです。

多田欣一町長は震災から3日目の3月13日、住田住宅産業（第三セクターの工務店）に対し、木造仮設住宅の建設準備に入るよう指示を出しました。17日には町議会に対し、議会の議決がなくても町長の決定で事業が行える「専決処分」によって仮設住宅を早期に建設したい旨を説明し、理解を得ました。

「手抜きしたと言われない良いものを造る」

「住田町はよくやった、と感謝されるものを造る」

それが議会側の出した〝条件〟でした。

行政が建物を建てる場合、まず予算を議会に認めてもらうことが必要です。その後入札で設計業者を決め、できた設計に基づいて今度は工事の入札を行い、さらに落札した施工業者と結ぶ請負契約を再び議会で議決してもらわなければなりません。それだけで4～5カ月はかかる

震災後各地に建設された長屋型のプレハブ仮設住宅。隣の家の音も聞こえるなどさまざまな課題も＝2011年4月26日撮影、大船渡市赤崎町、東海新報社提供

のが通例です。その上、工事の期間がさらに必要となります。通常の手続きを踏んでいたのでは早期の完成など、おぼつかなかったのです。

3月18日に早速専決処分が行われ、22日に着工。5月には被災した人たちに入居してもらうことができました。専決処分を行うことで、短期間で木造仮設住宅を完成させることができたのです。

被災者ルールに立った〝住田方式〟

住田町は東日本大震災で津波の襲来を受けませんでした。その住田町が町内に自前の予算とはいえ、隣接市町に暮らす津波被災者のための仮設住宅を建てることは災害救助法の規定から逸脱《いつだつ》していました。同法では仮設住

住田町が津波で家を失った陸前高田市や大船渡市の人たちのために自らの財源を使い、町内に建設した一戸建ての木造仮設住宅。入居者から大好評を得ている＝2011年3月24日撮影、住田町世田米、東海新報社提供

宅は被災した市町村内に、都道府県が建てることになっているからです。住田町は事前に、岩手県に意向を伝えました。しかし、県からは「それは県の仕事です」と指摘され、理解が得られませんでした。

住田町は当初から国、県の支援を当てにしていませんでした。むしろ国や県の予算を入れれば、需要調査の実施から始まってさまざまな〝縛《しば》り〟が生じ、早期完成ができなくなることを恐れたのです。

多田町長は震災翌日の12日、大船渡市と陸前高田市を見舞い、避難所を訪ねました。そこで目にし、耳にしたのは歴史も文化も経済も、そして生活も言葉も同じくする人たちが体育館の中で寒さに震え、一つのお握りを分け合って食べる姿でした。

「震災で助かった人たちを本当の意味で救うため、一日も早く仮設住宅を造り、普通の生活に戻してあげたい。平時のように悠長《ゆうちょう》なことをしてはいられない。法律的には良いことではないが、大震災という非常時の対応として、同じ生活共同体に暮らす者の責務として、住田町は何としてもやらなければならない。国のルール、県のルールではなく、被災者のルールに立とう！」

多田町長はそう決意し、翌13日には住田住宅産業に指示を出していたのです。町長の思いは町職員も、町議会議員も、町内の林業関係者も、そして何より住田町民の誰もが共有するものでした。

実は、震災が起きる2カ月前の２０１１（平成23）年1月、住田町は住田住宅産業とともに一戸建て木造仮設住宅の設計書作りに入っていました。きっかけは08年の中国・四川《シセン》、10年の中米・ハイチと相次いで起きた大地震でした。被災状況を報道で見て、日本の海外向け災害援助の一環として国産材を使い、短時間で組み立てられる仮設住宅があってもよいのではないか。そのことがひいては国内林業の振興にもつながるのではないか。そう、多田町長は考えたのです。

震災が起きなければ3月22日には設計書を添え、国に正式に提案する予定でした。ところがその前に日本で、しかも足元で未曾有の大震災が起きてしまいました。震災が発生した時、木造仮設住宅の設計書はほぼ出来上っていました。そのことも住田町が早期に着工し、完成させることができた要因の一つと言えます。

住田町の木造仮設住宅が新聞やテレビで大々的に報じられ、入居が始まった5月中頃、「国が交付金を出すので申請を」という話が国と県からありました。住田方式が追認されたのです。しかし、住田町は交付金の申し出を断りました。

「民間の方々の思いを大切にしたい」（多田町長）というのが、その理由でした。着工間もない3月末、音楽家・坂本龍一さんが代表を務める森林保全団体「モア・トゥリーズ」（東京）が住田町の取り組みを知り、いち早く、必要な資金全額の支援を申し出てくれていたからです。

長屋形式のプレハブ仮設住宅と異なり、住田式の一戸建て木造仮設住宅は家族間のプライバシーを保つことができます。木の温もりにあふれ、冬場の結露《けつろ》もほとんどありません。入居した人たちから大好評を得ています。住田町の取り組みは世の中に一石を投じ、被災者救済や仮設住宅のあり方まで変えました。やはり、前例は作らなければ生まれないということです。

ポイント 国のルール、県のルールも大切ですが、震災時に何よりも大事なことは「被災者のルールに立つ」ということです。被災者のルールに立って取り組んだことが行政の新たな前例ともなり得るのです。

3 復興計画は平時に作る

平時に決めておくわけ

瓦礫が撤去された後、いくら歳月が経っても代わり映えしない光景を眺めながら痛感したことがあります。

「震災が起きてから復興計画を作っていたのでは、復興は進まない」

ということです。起きてしまえば、役所は目の前の対応に追われます。人的にも、時間的にも復興関係に割ける余裕はなくなってしまいます。

大船渡市では震災から7カ月後の2011(平成23)年10月に復興計画ができました。立派な文章で綴られていました。

地権者説明会で土地区画整理後のJR大船渡駅周辺区域をアニメ化したような映像を見せられたことがあります。きれいな道路や街路樹、無機質な建物が並んでいました。新しい商店街の通りには行き交う人も車もあまり、ありませんでした。

「ああ、これが大船渡の復興後の姿か」

そう、妙に納得したものです。

話が横道にそれました。復興計画ができたとして、次にさまざまな復興事業を計画していかなければなりません。それらの事業計画案を関係者に説明し、理解や同意を得ていくのにも相当の時間と労力がかかります。やはり、震災が起きてから復興計画や復興事業計画を作っていたのでは、迅速な復興など望めないのです。今回の震災は、そのことを私たちに突きつけました。

では、どうすればいいのでしょう。

「復興計画とそれに伴う復興事業は平時に決めておく」

ということです。平時であれば非常時に比べ、行政にもいくらかは時間的な余裕や振り向けられるマンパワーがあるはずです。行政関係者だけでなく、民間企業に勤める人からも、「どんな規模の災害、被害が起きるかも分からないのに、復興計画を作れるわけがない」と言われました。

近年は実際に近い状況を作り出す模擬実験、いわゆる、シミュレーションなるものの技術が進歩してきています。南海トラフ巨大地震をはじめ、さまざまな震災の被害を想定したシミュレーションも行われています。そのシミュレーションを基に「小規模」「中規模」「大規模」「最悪事態」といった被害を想定し、それに応じた具体的な復興計画と復興事業計画を作っておくべきだと思います。シミュレーションと違った被害状況になる可能性は当然、あります。その場合でも、全くの「ゼロ」から計画を作るよりは、すでにある計画を手直しする方が復興へ向けて迅速に動けるはずです。

策定に当たっては民間のシンクタンクやコンサルティング会社を参加させるべきです。昔から「餅は餅屋」と言います。街づくりの実績や人材、能力、ノウハウがある民間の力を活用しない手はありません。もちろん、計画には地元の行政や産業界の考え、何よりも住民の意見を反映させたものでなければなりません。ただ作るだけでなく、出来上った計画は地域全体で共有しておくことが大切です。

そして万が一、震災が発生したら、地元行政は被災した人たちの救援や支援、ライフラインの復旧などを含めた「目の前の対応」と「通常業務」を主に担当します。道路や防災施設、漁港施設などの「復旧事業」は国や都道府県に対応してもらいます。一方、「復興事業」は計画策定に携わったコンサルティング会社などに地元の事業者らが加わり、民間の手でスタートさせます。もちろん、復旧・復興事業の実施に当たっては地元業者に発注することが前提です。

平時から復興計画と復興事業計画を作り、官と民の役割分担も決めておき、震災が起きた時はそれぞれが役割を果たしていく。その方が効率的で、よりよい結果をもたらすのではないかと考えるようになりました。

「事前復興」という考え方

そんなことを考えていた時、新聞で『事前復興』という言葉が出始めました。記事を読み、我が意を得たり、という思いでした。事前に作られた復興計画があったため、素早く復興を成し遂げた事例が日本にはあります。そのことを知人に教えてもらい、調べてみました。戦後間もない福井市（福井県）の事例でした。

福井市は1945（昭和20）年7月の空襲で市街地の大半を焼失しました。市当局は終戦後すぐに「戦災復興都市計画」を作り、復興事業に着手しました。

福井市の戦災復興がなりつつあった1948年6月、福井県を中心として「福井地震」が発生します。最高震度は6、地震の規模を示すマグニチュードが7・1という直下型地震でした。地震直後に火災も起き、被害をさらに拡大させました。

災害教訓の継承に関する専門調査会報告書「1948　福井地震」（中央防災会議）などによると、家屋の全壊は福井県と石川県で合わせて3万5000戸を超え、死者は福井市を中心に3769人に達しました。戦災復興途上の福井市では総戸数1万5525戸のうち、1万2425戸が全壊。市街地では火災により約9割が焼失、完膚《かんぷ》なきまでに破壊されたのでした。

その大地震から1カ月後、今度は集中豪雨が福井地方を襲います。福井市内を流れる九頭《くず》竜川《りゅうがわ》などが大氾濫を起こし、市街地は大洪水に呑み込まれ、被害が拡大することになりました。福井市は地震と集中豪雨という複合災害の中から、再び復興を目指します。

福井市にとって幸いだったのは、戦災復興都市計画を策定していたことでした。その計画対象区域が地震の被災地域とほぼ重なることから、計画の一部を手直しして「震災復興都市計画」に変更したのです。その結果、福井市は素早く震災復興に着手することができ、地震から4年後には復興ぶりをアピールできるまでになりました。

内閣府「防災情報のページ」には中央防災会議の災害教訓の継承に関する専門調査会の報告書「1948　福井地震」が掲載されています。その中で、福井地震から学ぶ10項目の一つとして、

『復興対策も事前に準備しておく「事前復興」の取り組みが重要である』

と紹介されています。

3年経ってもなかなか進まない復興を目の当たりにすると、平時のうちに復興計画と復興事業計画を作っておくことの大切さをつくづくと感じます。

ポイント 震災が起きてから復興計画を作っていたのでは、復興はなかなか進みません。震災の復興計画は平時のうちにこそ、作っておくべきです。

福井地震から学ぶ10の教訓

①	地震はどこにでも発生する、と考えなければならない。
②	地震の予知はまだ出来ず、地震は不意打ちに発生するが、過去の地震災害に学び、その教訓を国民が共有しておくことが重要である。
③	地震探査や微地形などを通して、地域や自分の“災害環境”を知ることが、防災対策の実践を促す。
④	建造物の耐震改修の推進は、地震防災の基本である。
⑤	木造密集市街地が存在する日本の都市では、地震火災の防御は重要な課題である。
⑥	復興対策も事前に準備しておく「事前復興」の取り組みが重要である。
⑦	「自助復興」への支援対策が、被災者の復興モチベーションを作り出す。
⑧	復興にあたっては強いリーダーシップが重要である。
⑨	地震と台風などの複合災害に対する取り組みとして、「対策の一体化」が必要である。
⑩	断層の存在や地形・地盤など、地域の潜在的脆弱性（ハザード）に配慮した都市整備が、災害に強い都市づくりには不可欠である。

（中央防災会議・災害教訓の継承に関する専門調査会報告書「1948　福井地震」より）

4 「復興庁」は常設機関に

次の震災への蓄積

国にあって、東日本大震災の復興の先頭に立っているのが「復興庁」です。2011（平成23）年6月に成立した東日本大震災復興基本法により、震災からほぼ1年後の12年2月に創設されました。同庁は内閣に置かれ、内閣官房とともに復興に関する国の施策に関して、各省よりも一段高い立場から総合調整を行う権限を持つとされています。

役割の一つが「復興に関する国の施策の企画・調整・実施」です。具体的には▽基本的な方針などの企画立案▽各省の復興施策の総合調整、勧告▽復興事業の統括・監理、復興予算の一括要求、各府省への配分▽事業の実施に関する計画の策定――などです。

そしてもう一つの役割が、「地方公共団体への一元的な窓口と支援」です。▽復興特区制度による復興支援▽復興交付金と復興調整費の配分▽国の事業実施や県・市町村事業への支援に関する調整・推進――などが挙げられています。

震災から3年が経過しても、復興は遅々として進みませんでした。震災の地に暮らす私たちには、復興庁の存在すら、なかなか感じ取ることができません。

もちろん、復興庁の中にも志と情熱を持ち、私たちに心を寄せてくれる人たちがいることは知っていますが、その一方で、「田舎の町議会をじっくり見て、余りのアレ具合に吹き出しそうになりつつ我慢」などと、震災地を侮辱する暴言ツイッターで問題になった幹部もいました。

復興庁の設置期間は震災が発生した平成23（２０１１）年度から10年間と決まっており、メンバーは各省庁からの出向です。出向した官僚たちは復興庁に数年在籍すれば〝本籍地〟に戻り、復興庁自体も平成32年度で廃止されます。こうした組織で東北の復興を実現していくことが本当にできるのでしょうか。

とはいえ、復興庁もさまざまな課題に直面し、それらを解決しながら復興事業に取り組んでいるものと思います。その過程で生じた課題やその解決策、教訓、ノウハウが膨大に蓄積されてきているはずです。そうした貴重な国民の財産が、復興庁の設置期間の満了とともに報告書の中に閉じ込められてしまうのではないか、と心配しています。何よりも、震災復興の経験を積んだ貴重な人材が、次の震災に備えて継承されていかないことに大きな危機感を感じます。

大規模自然災害に対応できるプロの育成

日本では今後、南海トラフ巨大地震をはじめ、さまざまな震災発生の可能性が指摘されています。想像を絶するような大型台風や爆弾低気圧が襲来したり、集中豪雨や竜巻、火山噴火も起きて、日本の各地に大きな被害をもたらしています。犠牲者も多数出ています。日本は自然災害の多発国です。それなのに日本には大規模自然災害に平時から備え、発生時には復旧・復興の即応行動に移る専門の常設機関がありません。

アメリカには「アメリカ合衆国連邦緊急事態管理庁（Federal Emergency Management Agency：略称ＦＥＭＡ）」という常設組織があります。１９７９（昭和54）年、当時のジミー・カーター大統領によって創設されました。洪水やハリケーン、地震といった天災だけでなく、原子力災害を含め、大災害に対応する政府機関です。大災害の発生時には連邦機関や州政府、その他の地元機関の業務を調整し、家屋や工場の再建や企業活動・行政活動の復旧に資金面からの支援も行います。

自然災害が多発する日本になぜ、このような専門の常設機関がないのか、不思議でなりません。復興庁は10年間で廃止するのではなく、存続させるか、あるいは復興庁を土台として新たな常設機関を設けるべきです。

常設することでノウハウを蓄積し、次に教訓を生かすことができます。そして常設機関とする最大の利点は職員を自前で採用することにより、使命感にあふれた災害対応の〝プロ〟を育成できることです。常設機関とすることで市町村に対し、平時から復興計画と復興事業計画を作るよう指導・助言する役割も担ってほしいと考えます。防災・減災対策について民間の意見やアイデアに耳を傾け、積極的に吸い上げる受け皿にもなってほしいと思います。

南海トラフ巨大地震が起こると、早いところでは1メートルの津波が4分で襲来すると想定されています。高台に避難している時間的余裕のない地域では、階段式の避難塔を設け始めたところも出てきています。

「高齢者や障害を持った人は避難塔を登ることができない」

そう考えた私の大学の先輩は、

「潜水艦のような施設を埋設しておき、そこに逃げ込むのはどうか」

そんなアイデアを語ってくれました。上ではなく、下へ。まさに、逆転の発想です。確かに、潜水艦は海の中を何カ月も潜って、大勢の乗組員たちが暮らしています。

国土交通省四国運輸局は幼児や高齢者、病気や障害のある人たちも避難できるよう、大手重機企業に委託して「津波救難艇」(最大35人程度乗船可能)を開発しました。その1号艇は2013(平成25)年10月、高知県高知市に〝配備〟されています。四国には津波対応の救難艇開発に当たる地元企業もあります。自然災害から人々の命を救う施設などを民間企業と一緒になって開発し、全国規模で普及していく。そうした役割も常設機関に期待します。

現行の復興庁には民間の協力を得て、東日本大震災の発生以前から復興に至るまでの課題や教訓を検証してほしいと願います。常設機関が組織された折には阪神・淡路、中越、奥尻など過去の震災や大規模災害時の課題・教訓も掘り起こしてほしいものです。その中で得られた課題や教訓を都道府県や市町村、さらには研究機関、民間企業・団体とも共有し、意見・情報を交換しながら、平時から連携を強化し、発生する大災害に備えていくべきです。

　私たちは震災の地にあって、

「なぜ、阪神・淡路、中越の教訓が生かされないのか」

幾度となく、そう問いかけたものでした。

次にどこかで震災が起きた時、その震災の地の人たちが、

「なぜ、東日本大震災の教訓が生かされないのか」

そう、問いかけることがあってはなりません。

ポイント 自然災害多発国の日本には大規模自然災害に平時から備え、発生時には復旧・復興の即応行動に移る専門の常設機関が必要です。常設化することで災害対応のプロを養成することもできます。

5 行政は被災した人たちとともに

計画では〝市民総参加〟をうたう

大船渡市は土地区画整理事業の地権者説明会を各地で開きました。開催時間はおおむね2時間です。最初の1時間は毎回、市側が配布資料を読み上げて説明します。何の意味があるのか分かりませんが、同じ資料がスクリーンにも映し出されます。残りの1時間が質疑応答の時間です。質問すれば最低限の答えは返ってきます。それ以上でも、それ以下でもありません。質問されないことには一切、触れません。

岩手県が管理する河川の拡幅《かくふく》計画も、よその地域の説明会に参加した人から聞かされました。その河川は河口から国道45号までの区間が土地区画整理事業区域に入っています。事業区域内の川幅を現在の10メートルから、2倍の20メートルに拡幅する計画です。ただし、土地区画整理事業の区域外になっている国道45号から上流は現在の川幅のままで、手は加えられません。国道から上流はカーブもあり、川沿いは住宅地です。土地区画整理から除外されたため、住宅も次々建設されています。

あの日も大津波は河口に設置された水門を難なく乗り越え、国道45号より上流まで遡上し、大きな被害をもたらしました。次に大津波が遡上してきた時、途中で急に川幅が狭くなったらどういう事態を招くか……。そのことを多くの人たちが心配しています。しかし、大船渡市はシミュレーションの結果として、地域住民が心配するようなことは起きないと語っています。河口から国道までの拡幅がなぜ必要なのか。よく分からない市民も多いと思います。

大船渡市の復興計画は「市民参加による復興」という項目の中で、次のようにうたっています。

『復興においては、行政の率先した取り組みはもとより、市民の英知と行動力が、非常に大きなエネルギーになります。今回の災害による経験と教訓を生かして、全国の皆様からのご支援とより一層深まる交流を糧としながら、被災者主体・市民主体による市民総参加の復興を積極的に推進します』

市の広報（2012〈平成24〉年3月21日号）には、「住民の皆さんや事業者の皆さんと話し合いながら、土地区画整理事業や防災集団移転促進事業などを活用して、復興まちづくりを行っていくことになります」と書かれていました。

しかし市の開く説明会は、あくまで説明会です。市が決めたことをただ説明するだけであって、話し合いの場ではありません。地権者からどのような意見・提案があろうと、どのような怒りの声が飛び交おうと、市の職員たちは1時間我慢していればすむのです。質疑応答の時間をガス抜き程度に考えているのかもしれません。

そうした説明会が続いた結果、

「何を話しても聞いてもらえない」

「市の説明や回答を聞いているだけで血圧が上がる」

そう言って、参加しない地権者が増えたと言います。

新しい〝ふるさと〟をつくる

2013年4月1日付の朝日新聞に『伝える　東日本大震災　3年目』という特集記事が載りました。

主見出しに「集団移転　岩沼《いわぬま》なぜ順調？」、中見出しには「住民主体で街づくり議論」とありました。宮城県岩沼市で集団移転が順調に進んでいる状況と、その背景を伝えるものでした。

記事によると、被災した岩手、宮城、福島3県の30市町村の231地区で集団移転が予定されています。このうち造成工事に着手できたのは1割程度ですが、岩沼市では順調に街づくりが進んでいるというのです。

岩沼市の新しい街づくりの中心を担っているのは沿岸部6地区261世帯の代表で構成する

「まちづくり検討委員会」です。2012(平成24)年6月に組織され、年配の男性から若い女性までが参加して議論を重ねてきました。この記事が掲載されるまでの10カ月間に17回もの会議が開かれています。移転先での各世帯の宅地の場所も、住宅の高さも、生け垣や擁壁《ようへき》の高さなども、住民が話し合って決めました。

「近所付き合いなど震災前の暮らしを生かした街づくりができる。自分たちでルールを決めることで、新たなふるさとをつくる一体感も生まれる」

ある町内会の会長がそう話しています。

岩沼市の井口経明市長は記事の中で、

「住民の意向をもとに街づくりをしなければ、誰も移転先に住まなくなる。市はサポート役に徹した」

と、そう答えています。市の幹部は各地区の町内会役員と月1、2回は会い、情報収集と意思疎通を図ってきた、と記事にはありました。

同じ特集記事の中で、隣接する名取《なとり》市の事例も紹介されています。名取市の閖上《ゆりあげ》地区では、市主導で被災地を嵩上げして住宅を再建する計画が住民の意向と対立することになりました。内陸部への集団移転を求める住民の不満がくすぶり、復興の行方が見通せない。記事は、そう伝えています。

他県の行政と住民の関係を知る上で、とても貴重な情報でした。「住民主体（民官共同）」か、「行政主導」か。震災復興のあり方を考える上でも岩沼市と名取市の今後が注目されます。

岩手県内のある市の職員から私は、

「市民一人ひとり、被災者一人ひとりの意見を聞いていたら、まとまる計画もまとまりません。だから行政が決めていくんです」

そう、言われました。確かに、それも一理はあるでしょう。しかし……、と思わざるを得ません。その職員に行政の復興事業に対する異論を含めた原稿を書いていることを話すと、こう言われました。

「木下さんは行政の敵に回ったんですね」

もちろん、冗談半分だったのでしょう。仮に冗談半分だとしても、行政に携わる人が口にしてはいけない言葉です。震災の地に暮らす人たちが行政と異なる意見を述べるのは、一日も早い生活再建と地域の復興を願うからです。決して、敵に回ったわけではありません。

行政には住民と心を通わせながら、人々がそこに暮らし続けたいと思い、笑顔で暮らし続けることのできる震災地の復興と取り組んでほしいと心から願います。

政治家も震災直後は入れ替わり立ち替わり訪れました。時間の経過とともにその姿はめっきり減り、選挙になるとまた増えます。訪れても多忙な日程の中で回るためなのでしょうか、被災した人たちの本音や心の叫びを聞き出すほどじっくり懇談する時間は、いつも設定されていないようです。

震災の地には外部からやって来るマスコミに不信感を募らせる人たちもいます。「最初からストーリーを作ってきて、自分たちが取材したいことだけを取材して帰っていく」。そんな話をあちこちで聞きます。撮影した映像が気に入らなかったのか、その場面の撮り直しを求めた取材班もいたといいます。政治家やマスコミの人たちにも震災の地に暮らす人たちに寄り添い、〝生の声〟に耳を傾けることから始めてほしいと願います。

ポイント 被災した人たちが行政と異なる意見を述べたとしても、地域の復興を願う気持ちは同じです。復興計画にある「市民参加の復興」をうたい文句に終わらせないでほしいと願います。

6 そして、これからのこと

自然に生かされ、自然の中で生きている私たち

岩手、宮城、福島の東北3県の海岸沿いで巨大防潮堤の建設計画が進められています。総延長は370キロ、事業費は8000億円を超えると言われます。

宮城県では新たに建設される防潮堤をめぐって、施工する県と見直しを求める住民の間で侃々諤々《かんかんがくがく》の議論が交わされています。

岩手県内でも海沿いに巨大防潮堤が築かれます。陸前高田市内では、高田松原があった辺りに高さ12・5メートルもの防潮堤が造られます。震災前の2倍以上の高さです。しかし、あの震災で陸前高田市には15メートルもの大津波が押し寄せてきました。それを考えると防潮堤の高さがなぜ、12・5メートルなのか。どうも中途半端に思えて、理解に苦しみます。

大船渡市も陸前高田市も「海」を売り物にする市です。コンクリートの巨大防潮堤で囲まれてしまっては、その美しい海が見られなくなってしまいます。津波の襲来時には高い防潮堤が〝目隠し〟となり、襲来する津波を確認することができません。さらには年月の経過とともに巨大防潮堤への過信が生まれ、やがて油断につながっていきます。そうしたことを心配する人たちが少なからずいます。中には、巨大防潮堤の建設が自然環境に大きな影響を与えることを懸念する人たちもいます。

大船渡湾の湾口防波堤も、ギネスに載った釜石湾の湾口防波堤も大津波で壊れました。宮古市田老地区のX型巨大防潮堤も大津波を防ぐことはできませんでした。巨大防潮堤や湾口防波堤を建設するため、莫大な予算を投入する必要が本当にあるのでしょうか。第二章でも述べましたが、津波への備えが要らない、というのではありません。造るのであれば必要最小限でいいのではないか、と考えるのです。

自然を人間の力で制御《せいぎょ》する、制御できると考えるのは愚かなことです。自然は人間の知恵や技術など、いとも簡単に凌駕《りょうが》する力を持っています。そのことを東日本大震災は改めて教えてくれました。私たちは自然の中で生きています。しかし、自然と共存して生きているわけではありません。私たちは自然に生かされて、生きているのです。

海の街に住む私たちは、海から美しい景観や豊かな恵みという多大な恩恵を授かりながら暮らしてきました。恩恵の裏には、その代償として必ず危険が潜んでいるものです。そのことを私たちは忘れかけていました。

震災が起きても、自分は被害に遭わない。なぜか、そんな思いも心の片隅にありました。震災は全ての人に降り掛かってきます。決して、自分だけが例外ではあり得ないのです。そのことにも思いが至りませんでした。私たちは「自然に生かされている」という原点に立ち返るべきです。そして謙虚な気持ちで自然と向き合い、防災や減災のあり方を見直すべきです。

ともかく、究極の防災・減災対策は安全な場所へ逃げること。それに尽きます。ただ、逃げたくても自力では逃げることのできない人たちもいます。そうした人たちをどのようにして避難させるか。それはこれからの大きな課題です。

陸前高田市で語り部ボランティアをしている知人は、こんな提案をしています。

「東日本大震災では、行政によって上から組織された自主防災組織はうまく機能できなかった。地に足がついた行動ができるよう、自主防災組織は回覧板を回す範囲を一つの単位として、住民レベルで下から組織すべきだ。回覧板を回す範囲であれば、どこに、どのような人が住んでいるか、日中は誰が家にいるかなど、状況を把握している。その小さな組織の中で日頃からどうするかを意思統一し、災害弱者に声を掛け合って避難する方法を考えておくべきだ」

これも、あの日の反省から生まれた提言です。

誤報で経験したこと

気象庁は2013（平成25）年8月8日夕方、西日本から東日本にかけて広範囲にわたる緊急地震速報を発しました。しかし、いつまで経っても揺れは感じられませんでした。気象庁は誤報だったことを認め、謝罪しました。誤報の原因は海底地震計からのデータを気象庁に送る陸上中継局の装置の故障だったことが後日、分かりました。

誤報によって新幹線をはじめ鉄道が止まるなど、各地で多方面に大きな影響が出ました。物は考えようです。実地に即した貴重な抜き打ち訓練が行えたのですから。もちろん、誤報を続けてもらっては困ります。しかし、気象庁には臆することなく、津波警報や注意報、緊急地震速報などを出し続けて欲しい、と心から願います。気象庁の発する情報によって助かる命が、必ず、あるからです。

震災地発のスモールビジネスを

震災地では復旧や復興の遅れの要因として資材不足と人手不足が指摘され続けています。この問題は今後さらに深刻化するはずです。

2020（平成32）年に東京でオリンピックとパラリンピックが開催されます。とても喜ばしいことです。開催決定から実際の開催までの期間は7年しかありません。国も東京都も競技施設や関連施設、道路などの整備を急ピッチで進めていくはずです。オリンピックとパラリンピックの開催は、必ず果たさなければならない国際公約です。一方、震災地の復旧・復興は国内問題です。限られた人手や資材を考えると、震災地は後回しになる恐れがあります。

そうなると復旧・復興事業に携わる人たちが震災地にもたらしてきた〝賑わい〟も、いつまで続くか心配です。まして、他所から被災した地域のために来てくれる企業など、そうそうあるとも思えません。そうであるならば、被災した地域に暮らし続けていく人間が、自分たちで地域を元気にし、豊かにしていかなければなりません。そのためにも地場の企業や商店には先陣を切り、頑張ってもらいたいと心から願っています。そうした企業や商店を地域も地元行政も支援してほしいと思います。

さらに生活を再建し、地域を復興させていくために、自分たちで新たな事業を興《おこ》していくことも大切です。その意味で注目するのが「スモールビジネス」です。スモールビジネスというのは「少人数」「小資本」で起業し、運営することです。

大船渡市や陸前高田市にも未利用資源を含め、活用できれば面白い食材があります。家庭や地域で代々作られ、伝わってきた美味しい食べ物もあります。他の震災地にも必ず、あるはずです。そうした食材で商品を開発したり、食べ物を事業化できれば新たな収入源と地域の活力を生み出すことができます。食品に限りません。材料も、商品も多彩であって構いません。目指すは震災地の新たな「一村一品運動※」です。

その主役として期待するのが女性たちです。震災後、過去に素早くけじめをつけ、明日に向かって今日をたくましく生きようとする女性たちを何人も見てきました。女性たちが生活の中で培ってきた知恵と知識と技、さらには女性ならではの発想力と行動力。それらは地域にとって貴重な資源であり、財産です。

スモールビジネスも成功すれば、「ビッグビジネス」に育ちます。女性だけでなく、男性にも挑戦してもらいたいものです。もちろん、簡単に実現できるとは考えていません。成功させるには小資本といえども、資金が必要です。それ以上に起業化のノウハウ、商品開発の技術、販路開拓が必要となります。支援を求める声が上がった時、お力添えいただければ幸いです。

ポイント **私たちは自然の中で生きています。しかし、自然と共存して生きているわけではありません。私たちは自然に生かされて、生きているのです。**

※**【一村一品運動】**1979年、平松守彦大分県知事（当時）の提唱に始まり、全国的に広まった地域振興（村おこし）運動。これにより大分県では、シイタケ、カボス、ハウスミカン、豊後牛、関あじ、関さば、大分麦焼酎など、日本全国に通用する県産ブランドがいくつも生み出された。以降、他の市町村でも、それぞれひとつの特産品を育てることによる地域の活性化が図られた。また、その動きは、日本国内に留まらず、アジア、アフリカの国々にも広がっていった。

第五章

神戸市長田区を訪ねて

1

阪神・淡路大震災20年の現実

2014（平成26）年7月8日、兵庫県神戸市長田区の中心街「大正筋商店街《たいしょうすじ》」を訪ねました。阪神・淡路大震災から20年。「復興公害の街」と呼ばれる長田の今を自分の目で見て、耳で聞き、肌で感じて確かめたいと思ったからです。

ある取材を通じてご縁を得て以来、懇意にしていただいている大阪府在住のジャーナリスト、加藤勝美さんが同行してくださいました。加藤さんは震災直後の長田区を取材したことがあり、私同様、長田の現状に強い関心を持っていたのです。

私たちはJR神戸線の新長田駅で下車し、立派なビルが建ち並ぶ駅前の通りを南下しました。台風8号の接近もあってか、岩手とは比べ物にならないほど蒸し暑い日でした。私が持つスマートフォンの地図を頼りに大正筋商店街を目指しました。

ところが生来の方向音痴と準備不足に蒸し暑さが加わり、すっかり道に迷ってしまいました。行き交う人たちに何度か道を尋ねながら、ようやく南北に延びる大正筋商店街の中ほどにたどり着くことができました。

大正筋商店街は通りが広く、高いアーケードで覆われていました。1・2階と地階が商店街、その上層階がマンションという住商一体型の近代的な再開発ビルが連なる街でした。

震災前、長田区には八つの商店街と二つの市場がありました。その中で最も賑わいを見せていたのが大正筋商店街です。大正時代にできた、この商店街は戦災にも遭わず、レトロな雰囲気を残していたと言います。しかし、阪神・淡路大震災によって軒を連ねる98店舗の9割が全焼してしまいました。

大正筋商店街の再開発事業は神戸市主導で、震災翌年の1996年から始まりました。同商店街の再開発ビルは「アスタくにづか」という名称で、1番館から6番館まで建てられました。たどり着いた地点から商店街を北に歩いていくと、国道2号とぶつかります。本来であれば、そこが大正筋商店街の入り口でした。再び南に戻り、商店街を往復して見て回りました。平日の日中ということもあるのでしょうが、お客さんはそれほど多いとは思えませんでした。

立派な建物群に目をやると、2階はシャッターばかりが目につきました。通りに面した1階にもシャッターを下ろしたお店が少なからずあり、中にはシャターに「テナント募集」「貸物件」「売物件」と掲示されたお店もありました。巨費を投じ、行政主導で行われた震災復興の現実を目の当たりにして、加藤さんも私も声が出ませんでした。

大正筋商店街振興組合の理事長、伊東正和さんを訪ねてみることにしました。2014(平成26）年5月22日付朝日新聞「耕論　消えゆく自治体」で、伊東さんの話を読む機会がありました。

その紙上で伊東さんは長田の復興の現状を率直に語るとともに、「住民の手で復興後の姿を描き、自治体任せから脱却する。自治体は福祉や都市計画などの専門知識を生かして、住民の知恵を支えることに徹すべきです」と訴えていました。また、「宮城県沿岸部を訪ねた時、地元の商店主に『誰かに造ってもらう街ではいけない。被災者自らが考えてほしい』と呼びかけている」ともありました。伊東さんの話に共感し、ぜひお会いしたいと思っていたのです。

非礼なアポなし訪問だったにもかかわらず、伊東さんは快く取材に応じてくださいました。そして阪神・淡路大震災前と後の長田への思い、長田の復興の現実、被災した東北の人たちへの提言など、1時間にわたって熱く語ってくださいました。

伊東さんが営む「お茶の味萬」は、2004（平成16）年に完成した4階建ての「アスタくにづか4番館」1階の角にあります。シャッターが目立つ商店街にあって、15坪ほどの広さの伊東さんのお店にはお客さんがひっきりなしに出入りしていました。

さまざまなお茶に囲まれた店内にはテーブルと椅子が置かれています。ソフトクリームも販売しているようで、来店したお客さんたちが椅子に座って美味しそうに食べている姿が印象的でした。後で知ったのですが、伊東さんはお茶の美味しさを伝える「お茶の入れ方教室」をお店で頻繁に開いているのです。お店独自の商品開発にも取り組み、水とお湯ですぐにできるスティックの粉末抹茶も開発しました。さらにはインターネットを通じて世界を相手にお茶の販売も手がけています。

東日本大震災後は宮城県の南三陸町や気仙沼市、岩手県の大槌町、釜石市、さらには大船渡市にも足を運び、長田の体験を伝えてくれてもいました。このことも後になって知りました。

2 特別インタビュー　神戸市長田区からの提言

大正筋商店街振興組合　伊東正和理事長に震災復興を聞く
東京と同じようなビルばかり造った

――阪神・淡路大震災から20年。復興事業で長田の街は立派なビルが建ち並ぶ近代的な街になりましたが、現実はどうなのでしょうか。

伊東　長田って、下町なんですよね。言葉もざっくばらんで、人情味あふれているんです。

最初は怖いなと思うかも分からないけど、「何言ってんの、あそこやったらな、連れてったるわ！」言うて、道を聞いただけやのに、そこまで連れて行ってくれるような街やったんです。商店街一帯は戦争の空襲でも焼かれず、震災前は街そのものが、長屋が連なるようなレトロな雰囲気の街やったんです。

その長田に神戸の三宮とか大阪、東京の駅前と同じようなビルだけを造ってしまった。震災後、ほかの方々は長田に来た時、「復興したね」って言われる。でも現実は、心の中で「どこが復興なのか?」と思いますよ。

これでもか、これでもかって、僕ら、いろんなことやってきました。例えば、2000（平成12）年から修学旅行生を受け入れて、語り部を始めたり。今、東北でやっていることは全部、この街でやってきてますからね。テレビで見たことはあっても、みなさん、来たことがないんですね。だから、とりあえず来てもらわんと、ということで。

長田では鉄人28号のモニュメント[※1]も作りました。あちこちから人が来ます。でも来た方々は、来てもお金を使わない。ただで写真を撮って、商店街を歩いて帰ってくだけです。こちらはお金かけてやっている。例えば、鉄人を塗り直すメンテナンスが必要になった時、「その費用を今度は誰が出すねん。また、みんなが寄付出すのか」ということになる。やるからにはお金を街に落とす仕掛けをつくらなダメです。でないと負担ばかりが増えるわけです。

建物もそうですよね。こんなに奇麗《きれい》にビル造ったら、固定資産税が2倍になってね。木造は固定資産税が安いですよ、20年経てば資産価値も落ちます。コンクリートは固定資産税が最低額になるまで65年ですからね。

昔は木造の家ばっかりあった。しかも店舗の上に住宅があったから、建物は一つで済んだ。でも再開発でビル造ったから、店舗と別に住宅を持たなあかんです。ビルの上の階に住宅持つと固定資産税、二重で払わなあかん。小さな話やけど、店舗と住宅を別々に持ったら水道、光熱、全てが基本料金、二重です。行政は最初にメリットばかりでなく、デメリットの部分も被災者に話したのか。そういうことを知った上で、「それでもいいよ」という方はそれでいいわけですけれど。

※1【「鉄人28号」のモニュメント】 JR新長田駅西側の若松公園に復興のシンボルとして2009年9月に造られた。高さ約15メートルの巨大モニュメントで、右手を突き上げて立っている。「鉄人28号」は神戸市出身の漫画家、横山光輝さん（故人）の代表作。

笑顔が見られな、復興とは言えません

――長田の現状は思っていた以上に厳しいようですが。

伊東　東北は今、4年目ですよね。僕らは20年経って今、死にかけてとるんですからね。もう、笑顔ないですもん。20年経った時、みなの顔から「なんとか、いけたね」って、笑顔が出るような街を造らなあかんですよ。そりゃ、100人が100人は無理ですよ。でも大半の方がそうなればいいわけでね。

東北の被災者は高齢の方が多いですから、そっから5年、10年経ったら大変やと思います。この街ができるのに10年かかってます。10年、年いったら、気力、体力、財力が減るんです。震災の時、それぞれ100として、「頑張るぞ！」と思った気力、今、なんぼ残ってますか？体力も3年で衰えてますね。財力も減ってますね。そしたら今から5年後、10年後にはもっと減りますよ。それを踏まえた自分の生き方を、他人《ひと》のせいにせず、自分が決めなあかんですね。

で、頑張るだけ頑張って、商業者の方もハッピー・リタイアすることを考えた方がいい。すぐ入れ替わりができるようにね。それが賃貸ならできる。長田は神戸市から権利床《けんりしょう》※2で買わされたから、それができないんです。

神戸市は権利床ですから、市の税収がすごいんですよ。同じ平米《へいべい》（面積）で、木造の家ばっかりあった所に、コンクリートのマンションをダーッと造って。65年間、税収は震災前より増えるだけでしょ。神戸市の方は言わないけども、もしビルやマンションが全部埋まったら、税金は震災前の何倍もの安定収入ですよ。そういう思惑があったんじゃないか、と見られても仕方ないですよね。

みんなの顔から笑顔が見られな、そんなの復興とは言えませんよ。何のための復興か？　行政は絶対に失敗とは言わないです。ただ、行政の失敗を追及したって、絶対に結論は出ないです。20年経ったら、当時の人、誰もいませんもん。今の担当者、何も知りませんよ。僕らが一から教えるんですから。

僕らの街の場合は時間が経って、僕ら自身、言うた、言わないの問題になっている現状があります。言うた、言わへんでズーッとケンカしながら追及したところで憎み合うだけ。そうじ

※2【権利床】市街地再開発事業では、事業前に存在する権利の所有者に対しては、原則としてその権利に応じ、再開発事業によってできたビルの敷地・床に権利が移しかえられることになっています。この仕組みを「権利変換」といいます。これにより、事業前の権利の所有者が、権利変換によって事業後再開発ビルに取得する敷地・床のことを「権利床」といいます。

ゃなしに、それを分かった上で、今困っていることを提案さしてもうて、どうやったら現状より良くするか、一緒に協力しおうて取り組んでいく方が得でしょ。向こうは（自分たちの失敗を）分かっとんですよ。ただ、公にはそんなことは絶対言えない。僕はそう思っとるんです。
東北の場合はこれからされるんやから、そこのとこをちゃんと行政と話していけば、同じことを繰り返さなくてもすむわけでしょ。

共益費、管理費払えず競売の店も

――長田区の売れ残った再開発ビルを神戸市が格安料金で賃貸し始めたため、ビル内の店舗の資産価値がかなり下がっていると聞きましたが。

伊東　下がってます。すごいですよ。当初の7分の1か、8分の1。ひどいとこは10分の1ぐらいです。一方で共益費と管理費が要《い》って、固定資産税も高い。月々に割ったらどんだけの経費が要るねん、と思います。それら払えるだけの売り上げのある商売って今、あんのかって言ったら、ない。スーパーが値段の叩き合いしてる時代ですよ。
ある経営者は10年間待って待って商店街ができて、権利床で土地と建物を買わされてね。内装や設備にもお金かけて、ようやく自分の店を開き、「さあ、これから！」言うて商売を始めた。けど、売り上げが伸びないから共益費も管理費も払えなくて、競売にかかった。９０００

万円以上のお金かけた店が、競売で１１２０万円ですよ。そのうちの７００万円ぐらいが共益費、管理費未払いの分に充てられた。その経営者はこないだ病気で亡くなってね。10年間頑張ってきたけど、その間に楽しい時はなかったよね。

だから、いつも東北に行った時は、「そういう店の実例もある。ハッピー・リタイアもありですよ」と話すんです。商業者には1階が店舗、２階が住宅という建物を造って賃貸してあげるべきです。賃貸形式やったら、「もう商売ができなくなったから、やめるわ」って、次の人を入れることができるんです。経費がかからないから、商業者はいつでもハッピー・リタイアができるんです。

全国に商店街1万8000ほどあるんですけど、ほとんど空き店舗だらけなんです。「空き店舗対策として何をどうすんねん」って言うて、若者を入れようと必死になっとるんです。その時のためも考えて賃貸にして商店街の運営を進めたら、若い者は来ますて。挑戦できますもん。新しい人がチャレンジでき、入れ替わりができるような街を造るべきです。

メリットがあれば、必ずデメリットがある

――長田の場合、震災復興の街づくりはどのようにして進められたのですか。

伊東　阪神・淡路大震災が起きた20年前言いますと、情報を共有できなかった時代なんです。

みんな、避難所の学校に行っていますよね。学校に公衆電話が1台か2台しかなくて、遠くの身内に連絡するのに行列ができていた時代です。

そういう時、震災後2カ月でこの町の20・1ヘクタールの再開発計画が立てられてます。それをどれだけの方々が本当にご存知やったのか。行政の方は「住民合意があった」言いますが、どれだけの合意があって、何をもって住民合意としたんか。

震災から20年経って、あちこちから検証に来られます。当時のことを聞かれても、僕は当時、下っ端でしたから分からない。こんだけ大きいもんを造りますと、中心になったメンバーとそうでないメンバーがいます。中心になったメンバーにお話聞かないことには正しいことは伝えられない。行政の方に「その時、どなたが、どういう経緯で合意されたのですか？」って聞いたら、「それは公開できない」って言うんです。

行政の方々の思惑とこちらのほうの思惑と、なんらかの合意があったから、こんだけのもんが出来上ったのか。そうじゃなしに出来上ったのか。僕から言わせたら、なんでもメリット、デメリットがあってね。メリットの部分を多く出さはられると、住民って、困って弱ってますから藁《わら》にもすがる思いで、いい話に乗ります。「行政がそういって誘導してくれるんやったら、早くやろうやないか」というふうになりますよ。

でも、メリットの裏には必ず、デメリットがあるんですよ。デメリットの部分を行政があんまり言わなかったから、こんだけ早くできてんのかも分からない。行政側はよく、「聞かなかったから、言わないんだ」っていう言い方をします。だから、東北の方々には常々言うてるんです。「メリットがあれば、必ずデメリットがあるということを、先に知っておきなさいよ」と。

今、この街のことをどうのこうの言うたところで、こんだけのものを今更潰《つぶ》すわけにいきません。僕らはこの中で、「明日に向かってどうするか」を考えなきゃね。過去のことばっかり言うたところで、毎日時間は進んでるわけですから。

東北の方々には20年前からの情報いっぱいあるわけです。その情報の中で何が自分らの街に合うのか、何がメリットでデメリットかを考えて、復興のあり方を決めてほしいですね。

行政の方々はお客さんのニーズを知らない

――行政主導の復興についてはどう考えますか。

伊東　行政の方々は新しい箱もん造れても、お客さんのニーズを知らない。お客さんは、見てくれは洗練されていなくとも、下町の雑多な街が好きなんです。そこでザワ、ザワ、ザワいうてる方が落ちつくんです。

この長田にも「丸五市場《まるごいちば》」ってあるんですよ。最初は賑やかで、人がいっぱい入ってたけど、今は古びた市場なんです。でも月に1回、第三金曜日に「ナイト屋台」やっとるんです。シャッター閉まっとる狭いところに、ものすごい人が来るんですよ。経費がほとんどかかってないから生き残れるんです。箱物を造れば、維持・管理で経費がいっぱいかかるんです。

行政がつくったもののままでズーッといったってダメですよ。行政の人間は上からの命令を聞いているだけですから。自分の仕事を守ろうとしているだけですからね。大きな物を造ると復興予算の大半が使えて、復興計画の何パーセント果たしましたよ、と数字の報告ができるんです。内容的にそれが本当に大切か言うたら、そうじゃないんですよ。でも担当の人間は上から「どないなっとんねん！」言われるから、数字を上げようとするんです。

一％でもちゃんとしてフォローしてあげた手作りの事業やったら、将来的にはそっちの方がすごい値打ちなんです。値打ちなんだけれども経験者もいないから、何を聞かれても何も分からない。アドバイスができない。ただ、「自分が言われていることだけをせなあかん」という役所スタイルですから。そこは変わらないと思いますね。

でもその中で、絶えず言い続けることって大事だと思います。自分が正しいと思うたら言い続ける。間違ってたら、そこでお互いに「すみません。僕の考え、まちごうてました。これから一緒にやりましょう」と謝ればいいんです。

行政の方とケンカすんのは簡単やけど、絶対にしてはダメです。裁判したって誰の得にもならんし、気分ええことなんか何もない。夫婦の仲も、行政との関わりも一緒やと思います。

文明を50％入れたら、残る文化は50％

——震災後の街づくりについて、長田の体験から助言をいただければ。

伊東　僕はいつも、「文化」と「文明」いうのがある、言うてるんです。それぞれの街や地域にはそこにしかない文化があるんです。震災前の街全体を１００としますね。その街が震災で壊れて、新しい近代的なビルを造る。これが文明です。文明が入ると便利です。ものすごい便利なんだけど、文明を50％入れたら、その街の文化は50％しか残らない。80％入れると、20％しか残らない。

震災が起こった時、街の復興に文明は必要です。震災後、全国チェーンの大手スーパーが至るところにできてますでしょ。全国チェーンの大手はいざなったら、すっと撤退しますからね。文明を求めて、結局、その文明が消えた時、何も残りませんよ。

被災地のそれぞれの街には、それぞれの文化があったんです。だから震災があろうがなかろうが、生き残っとったんです。本来の文化があるから街が継続できたんです。

震災が起こった時、改めて自分の街を見直して、自分の街が本当に好きであれば、文化は残さなあかんのです。文化を残して、みんなが最低限必要とする文明を入れないと、新しい街が出来上って10年もったとしても、20年、30年経った時に誰も来なくなりますよ。

いい、悪いは別として、おおまかに言うたら、それが長田の経験ですね。そこを東北の方々に知ってほしい。それぞれの街によって、みな、状況が違います。1万人ぐらいの小さな街と10万人ぐらいの街とで、やっぱり、同じこと言ったところで違うんですよね。被災状況も違いますでしょ。

だから、僕は現地に直接行ってお話して、街を見て、「こうした方がいいんちがいますか」「ここの場合だったら、こうやっていったらいいんとちがいますか」と言う。ただ単に評論家とか、コンサルみたいな形で言うたんでは一般論。一般論はあくまで一般論なんですよ。その街が生き残る道やないんですよ。

長田の経験から僕が言うのは、「街っていうのは住民だけでは復興しないんですよ」、いうこと。商業者が必要なんです。商業者が賑やかだったから、祭り事がずっと続いとるんです。日本国中、祭り事はそこの地場産業が盛んで、その方々がスポンサーになって続いとるんですよ。同じものを、同じ大きさのものを続ける必要はないんですけど、やっぱり、残さなあかんものは残さなあかん。そのためには財源が要るわけです。小さな祭りであっても地元の自治会の寄付だけでできるかっていうたら、できないですよ。商業者が「自分らの祭りや！」言うて、お手伝いするから続くわけです。

地場産業が盛んで頑張ってるところは、そういう祭り事が続くんです。そこが、僕の言う文化です。文化を大切にして、残さなあかんものは残さなあかん、ということです。その文化を求めて、5年経っても、10年経っても、遠くからでも人が来るんです。それが近代的な文明の街になったら、別にそこへ行く必要ないですからね。

全国チェーンのスーパーや大型店がサッと来てね。売り上げの多くは本社にいってしもうて、街には落ちない。街の売り上げを向こうに持っていかれるのが街の発展になんのか、ってことです。言い方悪いけど、全国展開している居酒屋チェーンのグループが弁当を運び出して、介護をやり出して。それはそれでいいのかも分からないけど、法人税は東京にいってしもうてね。お金を街で循環させるにはどうするのか、っていうことが大切やなと僕は思うんです。

一番大切なのは、明日に向かって何をするか

――震災からの復興に当たって、ほかに大切なものは何ですか。

伊東 長田にはいろんな問題があって、裁判問題も起きてます。だけど僕は、「裁判したからって、どうするんや」って言うんですよ。勝ったかて、負けたかて、遺恨《いこん》だけが残るんです。ここの商店街でも「裁判せずに頑張ろや!」いう人間と、「やっぱり裁判して突き詰めなあかんねん!」という人間といます。思うてることは一緒であっても、やり方が違うだけで睨みお

うとるんです。

　僕は、違うと思う。だって裁判をしたとこで時間がかかるばっかりで、儲《もう》かるのは弁護士だけ。それも大事だけど、「どうやったらお客さんが来るか」を51対49の法則で、51以上で考えるべきです。

　経費の節約は必要だけど、最低限の経費は要るから、絶対にゼロにはならないです。でも、売り上げは仕方によったら天井知らずなんです。売れれば、みな、払えるんです。売れないから払えない。だったら売れるものを、さっき言うた文化というものをみなで考えて、そっちを追求した方が仮設の屋台村でも生き残れるんですよ。

　僕たちはここで「ぼっかけ」[※3]というものを作って、「ぼっかけ」も「そばめし」[※4]も長田が発祥の地や言うて、全国的に展開してます。「たこ焼きは大阪やけど、お好み焼きは長田じゃ。ここにお好み焼き屋が60軒以上あるから、長田がお好み焼きでは日本一。日本一いうことは世界一や」、言うてね。マップ作って、旗作って、テレビ出てって。２０００（平成12）年ぐらいから長田の街のためにズーッとやりましたよ。ようやく「ぼっかけ」も「そばめし」も、長田が発祥地というのが認められたんです。

　昔のことを言うのは、もう、違うんです。「今、何をやってるか」と言いたいんです。「昔、こんなんのをやりました」言うても、それは過去でしょ。毎日、新しい日々を送っているわけですから、一番大切なのは「明日に向かってどう生きるか。何をするか」っていうこと。そのことを本当に話できるメンバーが出てくれれば、それなりに実現できる。そこで行政の方々に、これが必要だからこうしてくれ、と訴えていかないと。

他所から見たら、東北の被災地を応援したいということになりますよね。その中で被災者がどのように自分たちのものをアピールするか。一店一品じゃないけど、昔の大分県知事が言われたように、今回も一村一品、なんか、自分とこのこだわりのものを生み出していって、さっき言った文化を創り上げていくことが大切やないかと思うんです。

※**3**【**ぼっかけ**】牛すじとコンニャクを甘辛く煮込んだもの。「ぶっかける」が語源と言われる。長田のお好み焼きの定番メニュー「すじ焼き」や「そばめし」に使われてきた。最近はカレー、うどん、オムレツ、パンにも使われる。

※**4**【**そばめし**】焼きそばとご飯を鉄板で炒《いた》めたソース味の焼飯。ケミカルシューズの街だった長田の工場に勤める女子工員が、ご飯をお好み焼き屋で温めなおしてもらうついでに、そばを混ぜてもらったことから誕生したと言われている。

感謝をもって接したら、また来ようと思う

――伊東理事長にとっての商売の原点はどこにあるのですか。

伊東　僕は大正筋商店街ではないですけど、長田の生まれです。僕、お茶しか知りませんから、頑張って長田で一番、神戸で一番のお茶屋になろうと思いました。大学出てすぐ産地に修業に行って、よそのお茶屋に負けんだけの技術を持って、お茶屋として生きてきました。

1年の産地修業の後、大阪で店を持って3年間やってきたんですが、大阪で商売の厳しさを勉強しました。大阪は厳しいですよ。下町に行ってみてください。お客さんはどんなもんでも「わあ、一円高いわ！」って、しゃべって行くもの。

ここ（大正筋商店街）に来た時、お茶屋さんが半径500メートルに小さいお店からデパートまで、15軒あったんですよ。誰も僕のとこ、「待ってました！」という人、いませんやん。その中で、どうやって一番になるねん言うたら、大阪ですわ。大阪での商売が鍛えてくれました。大阪では「まけて」っていうのは挨拶やからね。大阪は厳しいですよ。

東北にはNPOやボランティアで支援の方々が全国から、世界中から来られてますよね。今までの3年間でその方々に感謝して、「ありがとう」と言うたお店は生き残ってます。これからも生き残ります。「こんな人間、もう、二度と来へんやろから」って高《たか》をくくったお店、値

打ち以上の値をつけたお店はもう、絶対ダメですね。
あの方々は最高の宣伝をされる方々です。買いに来てくださった方々を大切にして、感謝をもって接したら、また来ようと思うんですよ。それがその街の、その店のリピーターなんです。それを顧客につなげなあ、あかんのです。それを個人のお店でやっているところもあれば、街ぐるみでやっているところもある。その成功事例が宮城県の南三陸町やね。みなが「また行きたい」となっとるんです。

今までと同じことを続けていたらダメ

――大船渡市や陸前高田市をはじめ被災した東北の商業者の皆さんにアドバイスをお願いします。

伊東　事業を10年する気があるんなら、10年先を見込んで商売を変えていかなあかんね。今までやってたことと同じことを続けてたら、もう、ダメです。商業の変化はものすごい速いですよ。
コンビニが100円コーヒー出してますね。若者はみんな、あれ、飲んでますやん。高いコーヒー飲みに、誰が喫茶店に行きます？　コンビニのコーヒー、まずいと言う人、いませんもん。100円ですよ。結局、ついで買いのお客さんが増えています。

喫茶店で今、300円以下で売っているとこ、何軒ありますか？　地価の高い一等地でやったら、そんな値段では合わへんでしょ。だから喫茶店にお客さんが来なくなります。徐々に地盤から崩され、喫茶店はこれから大変な時代に入ります。よっぽどの個性があるものを出さないとお客さんは来ませんよね。

商店街の顧客動向もそうですけど、基本はみんな、自分と同年代の、一緒について来てくれるお客さんを大事にしてる。なんとか今は食べていけるから、これまでの延長上でやっているだけ。若いお客さんを呼び込むための、次の世代のお客さんを呼び込むための仕掛けをしてないですよね。

次のお客さんのことを考えなあかんね。小さい店も世の中の移り変わりとともに、勉強していかないとダメなんです。被災しようがしまいが関係ない。それができていないから、全国で店が潰れていきよるんですよ。

被災したから、何でもしてもうて当たり前というのは違う。誰かに任す、誰かが負ってくれる、と思うてるのも間違い。被災しても心の被災者にならないこと。「俺は被災者や。だけど頑張るんや！　頑張るから、応援してほしい！」と言える人間にならなければ、あかん。ポリシーを持っとおかな、あかんのです。

一人ではできないけども、360人集まったら円ができる。円ができたら、できないもんはない！　自分たちが街をどのようにするかっていう夢を持って、その街を造るために「こんなことを支援してほしい」「こんなことを応援できる人、いませんか」って情報発信をする。今は情報の時代ですから世界中から応援者が出てくるんです。

「俺は、こんな街を造りたい。みんなでその街を造るためには、これが必要やねん」って言える人間がリーダーにならなね。でも、リーダーって大変ですよ。行政との会議、会議で、自分の生活はできないですから。その時はみんなでリーダーを手伝ってあげてください。

最後に、口数は多いけど、言葉が足らないところはお許しください。

（2014〈平成26〉年7月8日、「お茶の味萬」にてインタビュー）

伊東正和（いとう・まさかず）氏：株式会社味萬の代表取締役。1948（昭和23）年12月8日、神戸市長田区生まれ。お茶屋の2代目として1979年に長田区の大正筋商店街に出店し、お茶の販売店を営む。1995（平成7）年1月17日の阪神・淡路大震災で店舗は全焼。2004年に再開発ビル「アスタくにづか4番館」1階に移転。12年から大正筋商店街振興組合理事長。ほかに現在、久二塚商業組合理事長、株式会社神戸ながたTMO取締役も務めている。

【主な参考文献・資料（順不同）】

東海新報社『〈写真集〉3・11　鎮魂　平成三陸大津波』（東海新報社、2013年）
「〈特集〉震災復興20年目の神戸・長田地区」『繁盛できる』（第44号、飲食文化研究所、2014年）
西隆広「実務者報告　震災復興土地区画整理事業による人口変動――兵庫県南部地震後、芦屋市からの報告」『災害復興研究』（関西学院大学災害復興制度研究所編、第1号、2009年、119-141頁）
「岩手県地域医療再生計画」（岩手県保健福祉部、2012年）
「大船渡市復興計画」（大船渡市、2011年）
「陸前高田市震災復興計画」（陸前高田市、2011年）
「陸前高田市東日本大震災検証報告書案」（陸前高田市、2013年）
齋藤晋・吉次翼・林直樹著／齋藤晋編『岩手県・宮城県沿岸27市町村の将来推計人口（2015年～2040年）』（2013年）
中央防災会議『1948福井地震報告書』（中央防災会議災害教訓の継承に関する専門調査会、2011年）
出口真弓『東日本大震災ファクトブック2012年度版』（日本医師会総合政策研究機構、2013年）
「東日本大震災における地方公共団体情報部門の被災時の取組みと今後の対応のあり方に関する調査研究（現地調査報告書）」（財団法人地方自治情報センター、2012年）
矢野宏「震災地を歩く～神戸・新長田」『新聞うずみ火』（アジアプレス、2013年）
一般社団法人全日本土地区画整理士会ホームページ　https://www.lrex.or.jp/index.jsp「Q&A用語集」
不動産研究所ホームページ　http://www.re-words.net「不動産用語集」

あとがき

大船渡市には霊峰・五葉山に源を発し、大船渡湾にそそぐ盛川《さかりがわ》が流れています。川には中井大橋という橋がかかっています。その橋の四隅には乙女のブロンズ像が置かれ、それぞれの像に『創造』『調和』『安らぎ』『希望』という名前が付けられていました。

その4体のうちの1体が東日本大震災の大地震で崩れ落ち、撤去されてしまいました。橋から消えたブロンズ像の名前は『希望』でした。壊れたブロンズ像は補修が行われ、震災から3年後の2014（平成26）年4月に台座に戻されました。

震災から4年近く経ちましたが、復興は緒《ちょ》に就《つ》いたばかりです。時間の経過とともに、希望の芽が一つ一つ摘まれていっているように思う時があります。しかし、私たちは決して、自分から希望を捨て去ることはしません。

「東北人には耐えることができる良さがある。これは気候や風土と関係があることかもしれません。どんなことがあっても一生懸命耐え、耐える中に何かを蓄積し、それをさらに培養していく」

大船渡市出身で、「モスバーガー」チェーンを一代で創業した櫻田《さくらだ》慧《さとし》氏（1937〜19

97）が1987（昭和62）年に故郷で初めて講演した折、述べた言葉です。

今はただ耐える時、耐えるしかない時なのだと思います。耐えて生きていれば、その中から必ず希望の芽が育ってくる。そう、信じています。

震災の地にお心をお寄せくださった皆さん、今もお心を寄せてくださっている皆さん。皆さんも私たちにとっての希望です。これまでの皆さんのご支援やお励ましに改めて心から感謝を申し上げます。そして、時折で結構ですので震災地のことを思い出し、これからもご声援いただければ幸いです。

本書では行政に対して厳しいことを書きました。しかし、これも震災地の人たちの生活再建と復興の一日も早い実現、そして今後の減災や復興のあり方に一石を投じることができればと願ってのことです。ご理解いただければ幸いです。

この本の執筆に際し、大勢のみなさんから貴重なお話を聞かせていただきました。東海新報社には写真集『3・11　鎮魂　平成三陸大津波』の引用ならびに一部内容の再構成を許可していただいた上、写真まで提供していただきました。兵庫県芦屋市の西隆広氏からは「震災復興土地区画整理事業による人口変動——兵庫県南部地震後、芦屋市からの報告」の引用を快諾していただきました。心より御礼申し上げます。

また、この本を出版できるのも、励ましと力添えを惜しまなかった友人・知人たち、そして私を理解し支え続けてくれた家族のおかげと、改めて心から感謝するばかりです。

著者

2015年2月

著者紹介

木下繁喜（きのした・しげき）

1953（昭和28）年7月岩手県大船渡市生まれ、中学まで同市に在住。岩手県立一関第一高等学校、青山学院大学法学部を卒業。東京の出版社に2年間勤務した後、1年間ヨーロッパを放浪。帰郷して1980（昭和55）年4月地元新聞社、株式会社東海新報社に入社し、記者となる。取締役編集担当、取締役事業局長を経て2013（平成25）年7月定年退職。2011年3月11日の東日本大震災では自身も津波に追われ、家や家財を失う。招かれて全国各地で震災の体験や教訓を語り伝える活動も行っている。

著書に『モスバーガーを創った男の物語　羅針盤の針は夢に向け』（2011年3月、東海新報社刊）。

装画家紹介

海津　研（かいづ・けん）

1977年新潟県生まれ。東京藝術大学デザイン科卒業。身近な生き物などをテーマに絵、オブジェ、アニメーション作品を制作する。宮沢賢治「よだかの星」を原作とするアニメーション、沖縄のひめゆり平和祈念資料館制作の映像作品「アニメひめゆり」の原画、映像民族学者・姫田忠義の著書『ほんとうの自分を求めて』の装画を描いた。

東日本大震災　被災と復興と　岩手県気仙地域からの報告
二〇一五年三月一〇日　初版第一刷発行
二〇一五年七月二〇日　初版第二刷発行
著　者　木下繁喜
発行所　株式会社はる書房
〒一〇一-〇〇五一　東京都千代田区神田神保町一-四四駿河台ビル
電話・〇三-三二九三-八五四九　FAX・〇三-三二九三-八五五八
http://www.harushobo.jp/
装　画　海津研（カバー、表紙）
装　幀　谷本由布
組　版　有限会社シナプス
印刷・製本　中央精版印刷

ISBN 978-4-89984-150-0　C 0036